财富商学院标杆企业书系

HUAWEI MYTH

任正非与华为神话

金易 ◎ 著

中国人民大学出版社

·北京·

图书在版编目（CIP）数据

任正非与华为神话/金易著．—北京：中国人民大学出版社，2018.8
ISBN 978-7-300-26090-7

Ⅰ．①任… Ⅱ．①金… Ⅲ．①任正非-传记 ②通信企业-企业管理-经验-深圳 Ⅳ．①K825.38 ②F632.765.3

中国版本图书馆 CIP 数据核字（2018）第 191108 号

财富商学院标杆企业书系
任正非与华为神话
金易 著
Renzhengfei yu Huawei Shenhua

出版发行	中国人民大学出版社		
社　　址	北京中关村大街 31 号	**邮政编码**	100080
电　　话	010－62511242（总编室）		010－62511770（质管部）
	010－82501766（邮购部）		010－62514148（门市部）
	010－62515195（发行公司）		010－62515275（盗版举报）
网　　址	http：//www. crup. com. cn		
	http：//www. ttrnet. com（人大教研网）		
经　　销	新华书店		
印　　刷	北京昌联印刷有限公司		
规　　格	145mm×210mm 32 开本	**版　　次**	2018 年 8 月第 1 版
印　　张	7.875	**印　　次**	2018 年 8 月第 1 次印刷
字　　数	177 000	**定　　价**	48.00 元

自　序

在中国的企业家中，虽然低调的华为创始人任正非不愿接受媒体的采访，甚至一度不接受媒体的采访，媒体却热衷于挖掘有关华为和任正非的点滴事迹。

为了打消媒体的诸多猜忌，任正非曾经解释自己不愿意接受媒体采访的缘由："我为什么不见媒体，我有自知之明，见媒体说什么？说好恐怕言过其实，说不好别人又不相信，甚至还认为虚伪，只好不见为好。因此，我才耐得住寂寞、甘于平淡。我知道自己的缺点并不比优点少，并不是所谓的刻意低调。"

或许是因为任正非走过的路太长、迈过的坎太多，其言其行都有时代的影子。在华为的发展中，任正非刻意地保持低调，或许与其人生经历有关，尤其是任正非经历过"文化大革命"。

其后，当奖项如雪花般飘来时，任正非坦言："我已习惯了我们不应得奖的平静生活，这也是我今天不争荣誉的心理素质培养。"

尽管如此，华为的高速发展并未因为任正非的低调而停滞不前。2018 年年初，华为公开的数据显示，2017 年华为的销售收入高达 6 036.21 亿元。

这样的业绩无疑引起了媒体一轮又一轮的报道。在所有媒体中，任正非可刊登的照片寥寥无几，常见的几张正面照不过是胸佩红花而已。由于是媒体的抓拍，因而这几张照片自然而又标准——"脸上沟壑纵横、两鬓微白、双眼饱含忧患”。

之所以用这几个词来描述任正非，是因为只有少数几个媒体人正式采访过任正非。好似谜一样的任正非一直规避媒体的采访，而且是一种常态。不仅如此，媒体盛传这样的“段子”：中央电视台将“2004 年 CCTV 年度经济人物”内定为任正非，而任正非获知此信息后勃然大怒，于是委派一名华为高层出面公关，其目的就是把“2004 年 CCTV 年度经济人物”撤下来。

任正非的低调依然挡不住媒体的好奇心，各类报道依然如影随形。我翻阅任正非和华为的相关报道后发现，尤其是在报道任正非时，“军人”“总裁”两个较为显著的标签式词语始终没有离开过。这两个看似不相关的词汇，却频频把任正非脸谱化，这间接地印证了美国最好的商学院不是哈佛大学商学院，而是西点军校。

在短短 200 多年的校史中，西点军校培养了众多的美国军事人才，其中有 3 800 多人成为将军。除此之外，西点军校还为美国培养了 3 位总统：内战时期南部联盟总统杰斐逊·戴维斯、第 18 任总统尤利西斯·格兰特、第 24 任总统德怀特·艾森豪威尔。

与这些卓著的业绩相比，众多毕业于西点军校的跨国公司 CEO、董事长、总经理等高级管理人才却鲜为人知。

基于此，这正是美国“恐惧”华为的关键所在。多年来，正是因为任正非曾经的军旅生涯，华为一直被美国以“国家安全”为由多次拒绝在国境之外，不管是招标还是并购，似乎只要有华为在，那么美国的“国家安全”就会遭到破坏，此举不过是竞争对手打击华为的一种竞争手段而已。正是任正非的那段军旅生涯，影响了华为的经营和治理，同时也给任正非制定战略决策提供了果断和坚毅的特征，甚至使他的某些做法更显神秘感。正是因为那段军旅生涯，任正非才被誉为中国最神秘的企业家。

正因为如此，任正非的军人身份始终被媒体关注，并被作为与诸多脱颖而出的转业干部进行比较的范本。客观地讲，作为一名军人，不管是在战争年代还是在和平年代，他都可以成为英雄，只是路径不同。在战争年代，军人成为英雄的途径就是参战。在和平年代，军人成为英雄的难度相对更大，甚至比战争年代成为英雄的概率低很多。

作为转业干部的任正非要成为英雄，尤其是在改革开放后的一个和平年代成为英雄，就意味着他必须在艰苦的环境中脱颖而出。转业到地方的任正非被骗 200 多万元巨额款项的遭遇正所谓“舜发于畎亩之中，傅说举于版筑之间，胶鬲举于鱼盐之中，管夷吾举于士，孙叔敖举于海，百里奚举于市。故天将降大任于斯人也，必先苦其心志，劳其筋骨，饿其体肤，空乏其身，行拂乱其所为，所以动心忍性，曾益其所不能”。

历史总有惊人的巧合之处，困苦的环境逼着人们不得不为了生存而努力奋斗。简单的活下去，或许只是为了活下去，这部分人最终成了中国万众瞩目的英雄。

在这些困苦者中，有一位就是任正非。在艰难与困苦中，尽管任正非书写了华为一个又一个的商业神话，但其背后的艰辛却超乎我们的想象。

当我们感叹任正非为华为创造的种种奇迹时，任正非在华为创业初期的艰辛和成长过程中的难处却很少有媒体报道，甚至有些还不为人知。

让我们的视线回到 20 世纪 80 年代这个刚刚改革开放的时代，一切都是按照计划在有序运行着，当时的“铁饭碗”比现在拥有更多的“依恋”和“内涵”。不过，当改革开放的春风吹拂华夏大地时，一些先行者陆续登上了自己的舞台，在日后波澜壮阔的人生中披荆斩棘。可以说，20 世纪 80 年代是中国英雄辈出的年代，也是一个草莽英雄起家的年代。

1979 年，鲁冠球看到《人民日报》一篇名为《国民经济要发展，交通运输是关键》的社论后，判断中国将大力发展汽车业，因而他决定砍掉其他项目，专攻万向节。1983 年 3 月，为了抓住自主创业、自主经营的机会，鲁冠球以自家自留地里价值 2 万多元的苗木作抵押，承包了厂子。

1984 年，作为中科院人事局领导干部处干部的柳传志在中科院计算所所长曾茂朝的支持下创办北京计算机新技术发展公司（联想集团前身）。1986 年，柳传志任北京联想总经理，1989 年升为总裁。

1987 年，42 岁的宗庆后借了 14 万元，承包了连年亏损的杭州上海校办企业经销部，并开始了自己的创业人生……

在诸多企业家纷纷登场时，深圳这块“试验田”更是如此。作为中国对外开放的经济特区，深圳就犹如一个“斗兽场”，一些敢于冒险的企业家在这个遍地是黄金的地方寻找自己的梦想。

1988 年，从国营单位离职的王石已显露出卓越企业家的特质，在销售玉米和科教仪器赚得第一桶金之后，他将“现代科教仪器展销中心”更名为“万科”。同年 12 月，万科发行中国改革开放后第一份《招股通函》，发行股票 2 800 万股，集资 2 800 万元，开始涉足房地产业。此时，37 岁的王石已成为中国一家上市公司的董事长，可谓志得意满。

1987 年，与意气风发的王石不同，与万科相差只有十几公里的、在深圳湾畔一个杂草丛生的地方，44 岁的中年创业者任正非刚刚筹集了2.1万元创业资金，在刚刚搭起的两间简易板房中开始创业。

此刻，对于已步入不惑之年的任正非来说，迟暮或许是其成为英雄的天敌，可谓“自古美人如名将，不许人间见白头”。

对于不服输的任正非而言，年龄不是问题，此刻他面临的最大问题是被单位开除，同时还被离婚。不仅如此，任正非从一个国企高管被一撸到底，成为“庶人”。这样的悲惨状况宛如一首悲壮凄凉的挽歌，时刻敲打着倔强的任正非。

与所有的英雄故事桥段一样，英雄的历史往往要通过决绝的悲情来书写，比如韩信在成名前曾有胯下之辱。当无数的财经作家在撰写“任正非传记”时，总是这样记载那段让读者难以忘怀的悲情故事：“1987年，任正非由于自己不懂得当时的商业环境，造成工作失误，不得不离开让很多人羡慕的国有企业——南油公司，在人生最为黑暗以及无处可以就业的情况下，不得不被逼着走上了这条创业的不归路。”

我们翻阅泛黄的报纸和杂志时发现了有关任正非的文字资料：“一个44岁的中年男人，在经营中被骗了200万元，被国企南油集团除名。他曾求留任遭拒绝，还背负200万元债务。妻子与他离婚，他一个人带着老爹、老娘、侄子在深圳住棚屋，而后借钱创立了华为公司。此时，任正非没有资本、没有人脉、没有资源、没有技术、没有市场经验，看似任何人都比他强。”

这样的文字似乎在倾诉着44岁创业的任正非并不比75岁二次创业的褚时健缺乏励志杀伤力。正如美国陆军四星上将巴顿（George Smith Patton Jr）将军所言：“衡量一个人成功的标志，不是看他登到顶峰的高度，而是看他跌到低谷时的反弹力。”

我们阅读过那些触底反弹的故事后顿悟，可能这些故事让读者明白，触底不一定会跟着反弹，而是取决于故事主角的反弹力。在撰写《老干妈的香辣传奇》时，我介绍过老干妈创始人陶华碧在人生的谷底为了养家糊口而创业的故事；在撰写《向娃哈哈学渠道营销》时，我介绍过娃哈哈创始人宗庆后骑着三轮车推销的创业故事；在撰写《褚橙是这样成为爆款的》时，我介绍了74岁的褚时健为了证明自己而再次创业的励志故事……

这些故事之所以能够激励创业者，是因为在任何一个时代，敢于走上创业道路的创业者，无疑都需要莫大的勇气，他们的勇气可嘉，尤其是74岁的、经历低谷的褚时健。

对比20世纪80年代和90年代与当下这个“大众创业、万众创新”的时代，任正非、鲁冠球、柳传志、陶华碧、王石、宗庆后、褚时健等企业家的创业故事不仅曲折离奇，而且经过了时间的考验，比当下互联网时代任何一夜暴富的创业传奇都更具参考价值。

在创业者的创业过程中，创业失败率出奇的高。2018年1月，“茅侃侃自杀的事件”刷屏整个“微信朋友圈”……类似事件足以说明，创业失败的概率高到无法想象。

统计资料显示，目前中国的中小企业平均寿命是2.9年。这样的失败率说明，如果创业太容易成功，至少说明创业本身的借鉴性和参考性就可能不足。同样是成功者，屡败屡战的阿里巴巴创始人马云和东山再起的巨人创始人史玉柱可能恰好说明了创业艰难的问题——创业成功的概率极低，不可能人人都能成功。

这就是我毅然决然地撰写任正非与华为的原因。当然，也正是任正非、马云、史玉柱等企业家这种永不放弃、永不屈服的品质，激励我完成这样的作品，以使其成为年轻创业者的精神动力。

每一个创业者在豪情万丈、激情四射的创业梦想碰壁后，都有可能身陷困境，此刻的创业者若能想起当初落难时的任正非，或许还能生出再来一次的勇气。我想，马云和史玉柱可能就是因为这样的信念而在艰难的创业中脱颖而出的。

在创业的大潮中，历史上总不缺乏创业者东山再起的成功范例，如果您是其中的一位成功者，那么在那个波澜壮阔的年代，在创业最艰难的无助时刻，您是否想起了任正非，想起了那个曾经身背军绿色帆布包在一个小县城推销交换机产品的任正非？如果您是一位正身处低谷的创业者，一旦想起那时的任正非，我想您一定会踩足油门、鼓起勇气，再次启程。

目　　录

第一部分　春水向东流

第二部分　灯火阑珊处

第三部分　轻舟万重山

第四部分　沉舟千帆过

第五部分　会当凌绝顶

第六部分　一览众山小

第一部分

春水向东流

走入地方后，不适应商品经济，也无驾驭它的能力，一开始我在一个电子公司当经理，栽过跟头，被人骗过。后来也是无处可以就业，才被迫创建华为的。华为的前几年是在十分艰难困苦的条件下起步的。此时，父母、侄子与我住在一间只有十几平方米的小房里，在阳台上做饭。他们处处为我担心，生活也十分节省，攒一些钱，说是为了将来救我。

——华为创始人　任正非

第 1 章　挨饿的青春

但凡研究中国企业，华为就是一个绕不开的企业案例，华为不仅是一个国际化程度较高的企业，同时也是为数不多的重研发的中国企业。在短短 30 多年里，因为技术创新，华为超过了爱立信和思科，成为名副其实的霸主。

华为官方的数据显示：2017 年，华为全年销售收入高达 6 036. 21 亿元，同比增长约 15%。华为能够取得如此业绩，离不开华为创始人任正非的功劳，因为在任正非的带领下，华为成了世界级的“独角兽”企业。

为了揭开华为成功的秘密，我们团队经过数月的研究，梳理了华为的创建和发展过程。当然，在书写华为的传记时，我们需要回顾华为创始人任正非的创业故事以及他的那段与众不同的燃情岁月。

贵州山水情

有什么样的自然环境，就会孕育什么样的民风。正所谓一方水土养一方人，一方山水有一方风情。正是因为磅礴的山川和清冽甘甜的泉水养育了贵州人，因此贵州人拥有吃苦耐劳、敢打硬仗、坦率执着的性格特点。作为伟大企业家的任正非也是如此。在《我的父亲母亲》一文中，任正非写道："爸爸是穿着土改工作队的棉衣，随解放军剿匪部队一同进入贵州少数民族山区的，他是去筹建一所民族中学。一头扎进去就是几十年，他培养的学生有不少后来成为了党和国家的高级干部，有些还是中央院校的校级领导。"

任正非与贵州就此结缘，这也孕育了任正非日后低调、内敛的性格。众所周知，位于西南边陲的贵州省风景迤逦、山脉绵延，用高原上的明珠来描述它再恰当不过了。贵州不仅拥有世界上非常著名的黄果树瀑布，还有世界知名的白酒品牌——茅台。

但贵州这些荣耀与梦想的背后，却是众人皆知的贫穷。基于此，有学者用"四无"总结了贵州的地理风物——"天无三日晴，地无三尺平，身无三分银，人无三分情"。

头两句介绍了贵州的天气和地形。贵州的天气较为恶劣，晴雨莫测，贵州的山路较为崎岖，是典型的喀斯特地形地貌；后两句介绍的是贵州一带不仅地方贫瘠，而且人情寡淡。

尽管这样的说法有些失实，但比"黔驴技穷""夜郎自大"要客观公正得多，至少是在了解贵州的基础上来表述的。对于久居贵州的人来说，如此描述如鲠在喉。

对于贵州的印象，原中国入世谈判首席代表、博鳌亚洲论坛秘书长龙永图在公开场合坦言：在外人眼里，贵州就是"一棵树（黄果树）、一瓶酒（茅台酒）、一栋房子（遵义会址）"。

在贵州的三张名片中，有两张名片位于贵州省遵义市。遵义市是贵州省下辖的地级市，"遵义"其名出自《尚书》："无偏无陂，遵王之义。"遵义地处中国西南腹地，位于贵州省北部，北依大娄山，南临乌江，古为梁州之城，是由黔入川的咽喉，也是黔北重镇。名酒茅台驰名中外。遵义的两张名片都与中国共产党有直接和间接的关联。1935 年，中国共产党在遵义召开了著名的“遵义会议”，该会议成了中国共产党生死攸关的转折点，遵义也被称为“转折之城，会议之都”。茅台酒是中国的外交酒，甚至是国酒。

贵州的第三张名片就是华夏引以为豪的中国最大瀑布——黄果树瀑布（黄果树瀑布位于镇宁县境内），任正非就出生在那里。1944 年，任正非出生于贵州省安顺市镇宁县一个贫困山区的小村庄，毗邻著名的黄果树瀑布。

黄果树瀑布高 77. 8 米，其中主瀑高 67 米；瀑布宽 101 米，其中主瀑顶宽 83. 3 米。对于黄果树瀑布的美景，徐霞客是这样描写的：“透陇隙南顾，则路左一溪悬捣，万练飞空，溪上石如莲叶下覆，中剜三门，水由叶上漫顶而下，如鲛绡万幅，横罩门外，直下者不可以丈数计，捣珠崩玉，飞沫反涌，如烟雾腾空，势甚雄厉；所谓‘珠帘钩不卷，飞练挂遥峰’，俱不足以拟其壮也。”

贵州山水孕育了任正非，而贵州文化的含蓄与内敛造就了任正非的低调，同样也影响了华为的经营策略，间接地造就了任正非这位伟大的中国商业领袖。

挨饿的青春年华

由于历史等诸多原因，虽然贵州拥有仙境般的居住环境和被徐霞客誉为人间仙境的黄果树瀑布，但我们不能忽视贵州省较为贫穷和落后的现实问题，出生在贵州的任正非也不例外。

在《我的父亲母亲》一文中，任正非就回忆了在贵州的那段挨饿经历。任正非写道：“我们与父母相处的青少年时代，印象最深的就是度过三年困难时期。今天想起来还历历在目。”

任正非兄妹七个，加上父母一共九人，全靠其父母微薄的工资生活。由于没有其他收入来源，他们的生活异常困难。

随着任正非以及弟弟、妹妹们的一天天长大，他们的衣服一天天在变短，而且都要读书，所以开支很大，每个学期每人要交 2～3 元的学费。每到交费时，任正非的母亲都要为此发愁。

与勉强可以用工资来解决基本生活的家庭相比，由于孩子上学等原因，任正非家的困难就更大了。任正非写道："经常看到妈妈月底就到处向人借 3～5 元钱度饥荒，而且常常走了几家都未必借到。"

直到高中毕业，任正非都没有穿过衬衣。在很热的天气里，任正非仍然穿着一件厚厚的外衣，同学们曾建议任正非向母亲索要一件衬衣。这样的要求对懂事的任正非来说，无疑是难以开口的。任正非回忆道："我不敢，因为我知道做不到。"

"儿行千里母担忧"，当任正非即将离开家去重庆上大学时，其母一次给了任正非两件衬衣。看着衬衣，任正非的心里很不好受。任正非回忆道："我真想哭，因为我有了，弟妹们就更难了。当时，我家是 2～3 人合用一条被，而且破旧的被单下面铺的是稻草。"

在"文化大革命"期间，任正非的家遭到造反派抄家，造反派以为任正非的父亲作为一个高级知识分子、专科学校的校长，家里肯定很富有，但他们都被任正非家里的情况惊住了。

由于任正非在上大学时拿走了一床被子，结果家里就更困难了，因为那时还实行布票、棉花票管制，最少的一年，每人只发 0.5 米布票。由于没有被单，任正非的母亲捡了毕业学生丢弃的几床破被单缝缝补补并清洗干净，而这条被单就在重庆陪伴任正非度过了五年的大学生活。

1959—1962 年由于“大跃进”的失误，也由于三年困难时期，国家陷入了经济困境。此时的任正非正好就读高中，而对于任正非来说，最大的困难就是饥饿，天天都是饥肠辘辘，根本无心读书。因此，任正非在高二时还补考了。

在初中时，别人把任正非作为因材施教的典型案例，而他在上高中后却补考了。任正非回忆道：“我青少年时期并无远大的理想，高中三年的理想就是能吃一个白面馒头。因此，我特别能理解近几年朝鲜人民的困难，但他们现在有国际援助，人口又少。中国那时处在以美国为首的西方国家的经济封锁与制裁中，而且人口多，当时中国面临的困难比今天的朝鲜及非洲还大。”

此后，由于饿的经历多了，因此解决的方法也相对多了一些。任正非回忆道：“上山采一些红刺果（就是我们绿化用的那种）、把蕨菜根磨成浆、把青杠子磨成粉以代食。有时，妹妹采几颗蓖麻子炒一下当花生吃，但一吃就拉肚子。后来，我们又在山上荒地里种了一些南瓜以及发明了将美人蕉（一种花）的根煮熟了吃的吃法。刚开始吃美人蕉根时，怕中毒，妈妈只准每人尝一点。后来看大家都没有事，胆子就大了一些，每天晚上我们这些儿女围着火炉，等着母亲煮一大锅美人蕉的根或南瓜来充饥，整个家庭和和睦睦。那时，我们根本没有专用的厨房，而是在卧室床前的地上挖一个坑，做一个地炉，又做饭，又取暖，大家围在一起吃南瓜，其乐融融。”

任正非度过的这段艰难的岁月，可谓是“挨饿的青春”，这也间接印证了贵州“人无三分银”。在改革开放中，贵州的经济才开始缓步向前发展。在这里，我向读者展示一下 1978—2012 年贵州省历年 GDP 的主要指标，见表 1－1。

表 1－1　　1978—2012 年贵州省历年 GDP 的主要指标

年份	GDP 总量									人均 GDP						
	以人民币计价（百万元）	名义增长率（基于本币，%）	以美元计价（百万美元）	名义增长率（基于美元，%）	购买力平价（百万元）	名义增长率（购买力平价，%）	实际增长率（%）	占全国的比重（%）	位次	以人民币计价（元）	名义增长率（基于本币，%）	以美元计价（美元）	购买力平价（百万元）	实际增长率（%）	占全国人均的比重（%）	位次
2012	680 220	19.3	107 758	22.1	162 491	19.3	13.6	1.31	26	19 566	19.2	3 100	4 674		51	31
2011	570 184	23.9	88 280	29.9	136 258	17.4	15.0	1.21	26	16 413	25.1	2 541	3 922	16.1	47	31
2010	460 216	17.6	67 984	18.7	116 093	11.8	12.8	1.15	26	13 119	19.6	1 938	3 309	14.7	44	31
2009	391 268	9.9	57 278	11.7	103 865	11.5	11.4	1.15	26	10 971	11.3	1 606	2 912	12.9	43	31
2008	356 156	23.5	51 282	35.2	93 159	17.1	11.3	1.13	26	9 855	25.1	1 419	2 578	12.8	42	31
2007	288 411	23.3	37 929	29.3	79 531	17.9	14.8	1.09	26	7 878	24.9	1 036	2 172	16.4	39	31
2006	233 898	16.6	29 341	19.9	67 468	16.0	12.8	1.08	26	6 305	16.9	791	1 819	13.1	38	31
2005	200 542	19.5	24 481	20.8	58 169	18.0	12.7	1.08	26	5 394	24.9	658	1 565	17.9	38	31
2004	167 780	17.6	20 271	17.6	49 301	12.9	11.4	1.05	27	4 317	16.6	522	1 269	10.4	35	31
2003	142 634	14.7	17 233	14.7	43 663	14.2	10.1	1.05	26	3 701	13.6	447	1 133	9.1	35	31
2002	124 343	9.7	15 023	9.7	38 245	10.8	9.1	1.03	26	3 257	8.6	394	1 002	7.9	35	31
2001	113 327	10.0	13 692	10.1	34 507	10.3	8.8	1.03	26	3 000	8.7	362	913	7.5	35	31

续前表

年份	GDP总量									人均GDP						
	以人民币计价（百万元）	名义增长率（基于本币，%）	以美元计价（百万美元）	名义增长率（基于美元，%）	购买力平价（百万元）	名义增长率（购买力平价，%）	实际增长率（%）	占全国的比重（%）	位次	以人民币计价（元）	名义增长率（基于本币，%）	以美元计价（美元）	购买力平价（百万元）	实际增长率（%）	占全国人均的比重（%）	位次
2000	102 992	9.9	12 441	9.9	31 297	10.0	8.4	1.04	27	2 759	8.4	333	838	7.0	35	31
1999	93 750	9.2	11 325	9.2	28 451	12.3	8.8	1.05	27	2 545	7.7	307	772	7.3	36	31
1998	85 839	6.5	10 368	6.7	25 346	8.7	8.5	1.02	27	2 364	5.1	286	698	6.9	35	31
1997	80 579	11.4	9 720	11.8	23 318	11.7	9.0	1.02	26	2 250	9.9	271	651	7.5	35	31
1996	72 318	13.7	8 698	14.2	20 876	8.8	8.9	1.02	25	2 048	12.2	246	591	7.4	35	30
1995	63 621	21.3	7 618	25.2	19 181	8.9	7.5	1.05	25	1 826	19.6	219	551	5.9	36	30
1994	52 446	25.6	6 085	−16.1	17 612	6.3	8.4	1.09	25	1 527	23.7	177	513	6.9	38	30
1993	41 769	22.9	7 249	17.6	16 571	9.1	10.4	1.18	25	1 234	19.3	214	490	8.8	41	30
1992	33 991	14.9	6 164	10.9	15 194	8.7	8.1	1.26	25	1 034	15.4	188	462	8.6	45	30
1991	29 590	13.7	5 559	2.2	13 979	10.2	9.2	1.36	25	896	10.6	168	423	6.2	47	30
1990	26 014	10.3	5 439	−13.2	12 685	8.3	4.3	1.39	25	810	8.0	169	395	2.1	49	30
1989	23 584	11.4	6 264	10.1	11 715	6.5	4.5	1.39	24	750	9.8	199	373	3.1	49	30
1988	21 179	28.0	5 690	28.0	11 000	18.1	8.6	1.41	24	683	25.1	183	355	6.2	50	30

续前表

年份	GDP 总量									人均 GDP						
	以人民币计价（百万元）	名义增长率（基于本币，%）	以美元计价（百万美元）	名义增长率（基于美元，%）	购买力平价（百万元）	名义增长率（购买力平价，%）	实际增长率（%）	占全国的比重（%）	位次	以人民币计价（元）	名义增长率（基于本币，%）	以美元计价（美元）	购买力平价（百万元）	实际增长率（%）	占全国人均的比重（%）	位次
1987	16 550	18.6	4 446	10.0	9 314	16.0	10.8	1.37	24	546	16.9	147	307	9.3	49	29
1986	13 957	12.6	4 042	-4.2	8 027	9.9	5.6	1.36	25	467	11.2	135	269	4.3	48	29
1985	12 392	14.5	4 220	-9.3	7 304	7.0	7.9	1.37	24	420	13.2	143	248	6.7	49	29
1984	10 827	23.9	4 653	5.2	6 826	22.5	19.8	1.50	24	371	22.8	159	234	18.6	53	29
1983	8 738	10.1	4 423	5.4	5 572	13.3	12.6	1.47	25	302	8.6	153	193	11.2	52	29
1982	7 939	16.9	4 195	5.4	4 919	24.4	15.8	1.49	24	278	14.9	147	172	13.8	53	29
1981	6 789	12.7	3 982	-1.0	3 954	20.5	6.5	1.39	25	242	10.5	142	141	4.7	49	29
1980	6 026	9.0	4 023	13.2	3 283		4.4	1.33	25	219	7.4	146	119	2.7	47	29
1979	5 528	18.6	3 555	28.4			11.0	1.36	25	204	16.6	131		23.7	49	29
1978	4 662		2 768				23.7	1.28	25	175		104		21.4	46	29

说明：各年份（人民币）购买力平价基于 IMF - WEO（2013 年 4 月 16 日更新数据）数据推算。

第 2 章　体制，体制

2017 年，一篇名为《不要让华为跑了》的文章在网络上传播，该文开头就写道："问君能有几多愁，恰似华为向东流。这是深圳最近心情的写照。华为的外迁可能真让深圳感到疼了，龙岗区在一份官方报告中表示：哥不能没有华为，并喊出了'服务华为，马上就办！'的口号。"

这样的事实足以说明，如今的华为已成为"巨象"，连地方政府也为了留住华为而不得不为之真正服务。

然而，在 20 世纪 80 年代末期的深圳，任正非遭遇困境后，不得不开始自己在深圳的拓荒与创业之路，在两间陋室里，任正非根本没有想到华为会影响到深圳的产业发展。回顾当初，从艰难中将华为做大做强的任正非面临诸多难事，但从来没有见诸报端。

奋斗的燃情岁月

正是因为任正非拥有知识分子的家庭背景，所以他对知识非常重视。即使在中国三年困难时期，任正非的父母仍坚持让子女念书，这个决定影响了任正非的一生。

当然，这也为任正非考入重庆建筑工程学院（已并入重庆大学）

打下了坚实的基础。1963 年，就读于重庆建筑工程学院的任正非还差一年毕业。此刻，“文化大革命”已经席卷中国，即使封闭偏僻的贵州也同样如此。

在这个时期，任正非的父亲被关进了牛棚。任正非得知这个消息后，因挂念挨批斗的父亲，在万不得已的情况下扒火车回家看望父亲。

在这次探亲中，其父嘱咐任正非要不断地学习。任正非回到重庆建筑工程学院后，主动自学计算机、数字技术、自动控制等专业技术，而后任正非还把樊映川的高等数学习题集从头到尾做了两遍。接着，任正非学习了逻辑、哲学的课程。不仅如此，任正非还自学了三门外语，当时他已达到可以阅读大学课本的程度。

在“文化大革命”的浩劫中，任正非一家遭受的影响是很大的，比如其家庭经济状况陷入了比此前还要困难的境地。

在当时，中央“文革”小组为了从经济上打垮“走资派”，下文控制他们家的人均标准生活费不得高于 15 元。不仅如此，加上各级造反派的层层加码，任正非母亲真正到手的人均生活费仅为 10 元左右。

此时，任正非有同学在街道办事处工作，就介绍任正非的弟妹们到河里去挖沙子、修铁路、抬土方……由于任正非的父亲受审查的背景的影响，其弟弟、妹妹们一次又一次的入学录取被否定，这意味着在这个年代，他们没有机会接受高等教育。

据任正非介绍，除了他大学读了三年就开始“文化大革命”外，其他弟妹的高中、初中、高小、初小都没读完。

任正非回忆道：“母亲那时有严重的肺结核病，我们家的经济如此困难，营养条件又差，她还要顶着沉重的政治压力往牛棚送饭、抄检查……她还帮助父亲把检查刻腊版，希望能多印几份，以便早一些解决问题。那时，社会上的油印机是为造反派服务的，不可能借用。母亲就把一块竹片削好，在蜡纸上刮，印出检查……由于母亲得不到很好的治疗，几乎耳聋。”

在那场浩劫中，由于身处外地院校，所以任正非受到的影响相对较小。在“文化大革命”后期毕业分配时，由于整个中国已经有上千万的干部被打倒了，所以任正非就显得不那么孤立了，再加上对任正非的父亲没有做出结论，因此也不能作为分配的依据。随后，任正非参军入伍了，因为同样的理由，让任正非过了关，不过是工程兵。

任正非临危受命的第一个工程是化纤成套设备工程。为了解决中国的穿衣问题，中国向法国德布尼斯·斯贝西姆公司购买了一套化纤成套设备，安装在中国东北的辽阳市。任正非从这个工程开始一直干到建完生产，然后才离开。

由于任正非父亲的问题没有解决，因而在很长一段时间内，任正非的入党申请都未能通过，直到粉碎“四人帮”以后。

任正非回忆道：“‘文化大革命’对国家是一场灾难，但对我是一次人生的洗礼，使我在政治上成熟起来，不再是单纯的一个书呆子。虽然我也参加了轰轰烈烈的红卫兵运动，但我始终不是红卫兵，这也是一件奇观。因为父亲受审的影响，哪一派也不批准我参加红卫兵。自己又不愿做‘司令’，拉三五个被社会抛弃的人，组一个战斗队，做一个袖章戴戴。那时，戴上这种袖章是一种政治地位的象征。我也羡慕家庭清白的同学，因此只能跟在这些组织的外围，瞎跑跑。”

1976年10月，中央一举粉碎了“四人帮”，任正非开始迎来了自己的人生春天——“使我们得到了翻身解放。我一下子成了奖励‘暴发户’”。在“文化大革命”中，无论任正非如何努力，一切立功、受奖的机会均与任正非无缘。

在任正非领导的集体中，每年战士们不断地荣立三等功、二等功、集体二等功，唯独任正非这个领导者从未受过嘉奖。尽管如此，任正非说道：“心中从未有不平，我已习惯了不应得奖的平静生活，这也是我今天不争荣誉的心理素质培养。粉碎‘四人帮’以后，生活翻了个儿，因为我两次填补国家空白，又有技术发明创造，合乎那时的时代需要，突然一下子‘标兵、功臣……’部队与地方的奖励排山倒海式地压过来，我这人也热不起来，许多奖品都是别人代领回来的，我又分给了大家。”

1977 年 10 月 8 日至 11 月 5 日在全国基建工程兵工作会议上，当时的青年技术员任正非因成功研制了空气压力天平而受到大会表彰，并得到当时国家领导人华国锋、叶剑英、邓小平、李先念、汪东兴等的接见。

随后，媒体报道了任正非的技术攻关，见图 2－1。

对于这段经历，任正非在《我的父亲母亲》中也有提及：“1978 年 3 月我出席了全国科学大会，在 6 000 人的代表中，仅有 150 多人在 35 岁以下，当时我 33 岁。此外，我还是军队代表中少有的非党人士。在兵种党委的直接关怀下，部队未等我父亲得到平反，就为查清我父亲的历史进行了外调，而且否定了一些不实之词，并把他们的调查结论寄给了我父亲所在的地方组织。此后，我终于加入了中国共产党，而后又出席了党的第十二次全国代表大会。父亲把我与党中央领导合影的照片做了一个大大的镜框挂在墙上，全家都引以为豪。”

北主要粮食作物，玉米螟虫危害较
治玉米螟虫，不仅效果好，而且还能避免某些农药引
起的副作用，又降低成本，节约治虫用工。

我国第一台空气压力天平

解放军基建工程兵某部青年技术员任正非在仪表班战士的配合下，研制成功我国第一台高精度计量标准仪器——空气压力天平，为我国仪表工业填补了一项空白。经国家有关计量部门鉴定，仪器设计方案正确，精度、灵敏度好。

空气压力天平是一种用来检验高精度仪表的仪器。过去我国的仪表工厂、仪表使用单位和检验部门检验仪表压力、流量、液面等，使用的是标准双管活塞压力计和充水、充汞单管压力计。空气压力天平与双管活塞压力计和充水、充汞压力计相比，不仅精度高，而且体积小，重量轻，用途广泛，操作方便，而且对于消除汞害、改善工作条件也有很大的好处。这种仪表是最近几年刚出现的，目前世界上只有几个工业发达的国家能制造。

高产优质海带的新品种

中国科学院海洋研究所成功地

图 2－1　任正非技术攻关的媒体报道

粉碎“四人帮”后，任正非的父亲很快也得到了平反。由于那时百废待兴，党组织需要尽快恢复一些重点中学、提高高考的升学率，因此让任正非的父亲去做校长。

在“文化大革命”前，任正非的父亲是一个专科学校的校长。尽管如此，任正非的父亲不计较升降、不计较得失，只认为有了一种工作机会，于是将全身心都投了进去，并且很快就把教学质量抓起来了，该校的升学率超过了 90%，成为远近闻名的学校。任正非的父亲直到 1984 年 75 岁才退休。

1983 年，随着国家整建制撤销基建工程兵，退役解放军团级干部任正非复员转业至深圳南海石油后勤服务基地。

任正非说道：“我有幸在罗瑞卿同志逝世前三个月，有机会聆听了他针对全国科学大会军队代表的讲话，说未来十几年是一个难得的和平时期，我们要全力投入经济建设。我那时年轻，缺少政治头脑，并不明白其含意。过了两三年大裁军，我们整个兵种全部被裁掉，我才理解了什么叫有预见性的领导。1982 年，在党的十二大期间，我们基建工程兵小组与铁道兵小组的中心话题就是裁军，因为一开完党的十二大，我们就要整建制地离开军队，实在是有些恋恋难舍，毕竟我们习惯了十几年、二十几年的军队生活。”

1982 年，任正非从军队转业到深圳，就职于当时深圳最好的企业之一——南油集团下面的一家电子公司，担任副总经理。

一路风平浪静的任正非却遭遇了人生的第一个“冬天”——一次，任正非做一笔生意时被别人骗了，200 多万元的货款收不回来。在 20 世纪 80 年代末，200 万元人民币可不是一笔小数目，当年内地城市的月平均工资不到 100 元。

任正非曾反思道：“走入地方后，我不适应商品经济，也无驾驭它的能力。一开始，我在一个电子公司当经理，栽过跟头、被人骗过。后来，我是无处可以就业，才被迫创建华为的。华为的前几年是在十分艰难的条件下起步的。此时，父母、侄子与我住在一间只有十几平方米的小房里，在阳台上做饭。他们处处为我担心，生活也十分节省，攒一些钱，说是为了将来救我。……华为实现了规模发展后，管理的压力巨大，此时的我不仅照顾不了父母，而且连自己都照顾不了，我的身体也是在那一段时间累垮的。在这种情况下，我父母转去昆明我妹妹处定居。由此，我也理解了要奋斗就会有牺牲，华为的成功使我失去了孝敬父母的机会，也销蚀了自己的健康。”

由于这件事情，显然任正非在南油集团没有立锥之地了。此时，任正非不得不抚养一儿一女、赡养退休的老父母以及兼顾 6 个弟弟、妹妹的生活。这一切的改变，迫使任正非走上了一条“下海”干实事的道路，在被逼无奈之下，任正非创建了华为。

创建华为

关于创建华为的初衷，2015年1月22日在瑞士达沃斯论坛上，任正非解释了自己为什么要创建华为。下面就是对话的一部分：

主持人：任董，您开始做华为的动机是什么？

任正非：做华为并不是在我意想之中的行为，因为在（20世纪）80年代初期中国军队大精简，我们是集体被国家裁掉了。我们总要走向社会、总要生产，我们军人最大的特点就是不懂什么叫作市场经济。我们觉得赚人家的钱是很不好意思的事情，怎么能赚人家的钱呢？

另一个就是给人家钱，人家就应该把货给我们，我们先把钱给人家有啥不可以的，人都要彼此信任，这就是军队的行为。这是不适应市场经济的，所以我刚到深圳的时候，其实就犯了错误。我那个时候是一个有二十几个人的小型国企的副总经理，有人说可以买到电视机，我说好，我们就去买。我们把钱给人家，但后来人家说这个电视机没有，啥也没有。

这样，我就开始要追回这些款，追款的过程是很痛苦的，并且上级并不认同我们，觉得我们乱搞，不给钱，让我们自己去追。在追款的过程中，我没有办法，没有任何人可以帮忙，我就把所有的法律书读了一遍。从这些法律书中我悟出了市场经济的两个道理：一个就是客户，另一个就是货源，而中间的交易就是法律……

对我们来说，创造客户不可能，因此我们要把住货源，要找到货源。此外，要熟悉这个交易的法律诉讼。那时，我们一分钱都没有，还把代理搞得溜溜转。由于没有钱，因而我们就需要寻求货源，所以就给人家做代理。

我来帮你卖，收了钱，我留下一点儿后再还给你。同意我们做代理的公司，在珠海有一个，就是珠海通信，BH03，另一个是香港鸿年。我们代理了以后，由于代理得太好了，人家就以为我们要把市场占完了，人家就不给我们货了，把我们好不容易赚到的钱逼到市场上去，通过高价买货再卖给客户，从而维护我们的市场信用。

从这个阶段走过来，我们就慢慢地摸到什么叫作市场经济这条路了。当时，国有企业干得不好，人家不要我，我还写了保证书：我不要工资，只想把这个公司的债务追回来；然后，我能领着这个公司前进。人家还是不要我。最后科委说，你出来吧，你搞的都是大项目，不成功的；你就先搞小的，而后我们就出来了。我们出来后就认为通信产品这么大、这么多，我们搞一个小的总有机会吧。

由于幼稚，我才走上了这条路。对于碗来说，扁一点没啥关系，可以卖便宜一点，照样可以吃饭。但是，通信产品稍稍有点指标不合格，就是全程全网的，将导致全世界的通信都不能动，所以就不能做这个事情。

这样对一个小公司来说是极其残酷的，一个小公司要做高技术标准，怎么可能？但是，我们不可能再后退，因为一分钱都没有了。不可能后退，所以我们就走上了这条“不归路”。这既没有想象中那么浪漫，也没有那么精彩，就是为了生活，我们就被逼上了“梁山”。

从这段对话中可以看出，由于社会变革，特别是军队裁军，曾是军人的任正非不得不转业，因为他不适应当时的经商环境，结果栽了跟头。

在遭遇人生的重大挫折后，任正非集资 21 000 元人民币，与几个志同道合的中年人创立了华为。在那时，尽管未来的路充满坎坷和挫折，但任正非选择了一条正确的路。诗人弗洛斯特的名诗《林中路》（*Untaken Road*）中的句子恰当地描述了人生的选择与失去的沉没成本——“林中有两条路，你只能选择一条，而永远怀念另一条。”

当时，对于很多军人来讲，复员转业就意味着失去晋升的机会，却给了任正非一个难得的发展机会。很多人可能都没有想到，华为这个创建于一间破旧厂房里的小公司，却在后来的攻城略地中改写了中国乃至世界通信制造业的历史。在《我的父亲母亲》一文中，任正非写道：“如果不是这样，也许我也进不了华为这样的公司，社会上将多了一名养猪能手或街边多了一名能工巧匠而已。”

第3章　代理，代理

任正非创建华为后，为了生存下来，曾尝试过多个方向，最终成为一家香港交换机设备的普通代理商。在那时，类似华为的代理销售企业如雨后春笋般遍地开花。

30余年后，当华为骄傲地宣布2017年的销售总额达到6 036.21亿元时，当年那些与华为同期创业的代理公司却销声匿迹了。这是因为任正非在从事代理业务的同时，还开启了自己的研发之路，所以最终只有华为活了下来，而且发展得如此好。

华为的第一桶金

任正非在接受媒体采访时称，其创业的第一桶金就是来自代理。在代理交换机（华为最初代理的交换机不是电信局用的交换机，而是“小总机”的用户交换机，俗称“小交换机”）之前，任正非曾是深圳最早一批做贸易的小老板。与众多创业者一样，任正非创业后所面临的现实问题就是，如何让华为生存下去。

当时，尽管华为名为技术公司，但经营的都是贸易业务，根本没什么方向，甚至是什么赚钱就做什么，在初创时甚至还卖过减肥药。

有一次，任正非听说在深圳销售墓碑的生意很火、赚钱快，因此他立即派人去调研。虽然华为早期也有过投机和迷茫，不过任正非清醒地知道销售减肥药、墓碑都不是长久之业，正是因为起步阶段的华为经历了“只要有钱赚、能活下去就行”，才有了华为的今天。

一个偶然的机会，经辽宁省农话处一位处长介绍，任正非开始代理香港鸿年公司的用户交换机产品（即单位里转分机的小交换机），华为由此走上了销售通信设备的道路。

在瑞士达沃斯论坛上，任正非介绍了当时代理通信设备的背景。任正非与主持人的详细对话如下：

主持人：任董，那时是一个私人公司在中国非常难干的时代，您能不能给我们描述一下是什么样的困难？私人公司以前面对，现在也面对，有什么东西您希望可以改变一下？

任正非：我们创办这个公司的时候，中国的思想还没有走向允许这些产业的成长，中国面临的问题就是大规模的知识青年回城了。由于他们没有工作、无法安排，政府就号召他们创业，卖馒头，做什么东西，卖大碗茶。政府无心插柳柳成荫，中国的这些青年就是从民营店、大碗茶起步的。当时出了一个推广民营高科技的文件，要求公司有5个董事、2万元钱。这个也是极难的，我们就凑啊凑啊，大家凑出来的。那时，我们感觉不到国营和国企有什么区别，我们两边都靠不着岸，根本没有感到与它们竞争是有压力的。

但是，这个世界发展得很快，主要是外资进入了中国。在大规模的外资进了中国以后，中国才发现自己国家的工人体制赶不上世界。所以，我有一次见几个领导，当时国家认为电子工程是绝不可能成功的，所以就把电子工程搁置了。国家搁置了，我们就没有竞争对手了，别人不做，就剩下我们来做。比起外国人，我们做得不好，但我们可以向他们学习。我们做交换机的时候，所有人都没有见过交换机，我特意飞到吉林让大家瞅一眼5号机是什么样子。当时，我们只能瞧一眼，5号机是一个铁柜子，就像我们考财务一样，那个柜子里面是圆的还是方的，我们自己也不清楚。

那次，我带他们去的时候，晚上不小心就被小偷偷了，当时带了一些礼品放在房间，但晚上睡得太死了，结果我们到了机场发现钱没有了，证件也没有了，什么都没有了。在那时，我们是非常尊重西方公司的，希望能学习它们的一些东西。

从这段对话可以看到，那时中国对交换机产品拥有巨大的需求，这与当时中国的通信业形势有关。

在20世纪80年代末期，中国固定电话的骨干网络已全面建成。当时，在理论上安装电话已不存在问题，但中国政府和电信部门还需要资金来发展城市网络。此时，钱依然是一个大问题，于是中国政府就给了电信一个政策，允许收取居民装电话的初装费。在很多城市，安装电话的初装费竟然高达5 000元。

面临初装费用较高的问题，交换机通过提升效率，降低了企业部门的电话初装费。通过安装交换机，成千上万的企业和单位极大地减少了初装费，同时也满足了员工的通信需求，直接把电话安装到每个员工的办公桌上，并在内部通话时节省了市话费。基于此，当时每个单位都想要一台自己的交换机。

20世纪80年代，装电话是需要“送礼”“走关系”，甚至还要“排队特批”的年代，代理商但凡能够在香港搞到用户交换机，销售到内地就可以获利 100%。正是在当时被视为“倒买倒卖”的代理业务以及中国对电话通信的巨大需求，让华为在短短的三四年间就积累了几百万元的资金，并在中国建立起近十个销售办事处。

由此可见，华为从农村空隙市场起步，凭借两万元的注册资本起家，通过代理香港鸿年公司的 HAX 交换机，利用差价获得了华为原始的资本积累。

以客户为中心

与直拨电话的巨额开支相比，交换机带来的不仅是便利，而且降低了不少成本，其市场需求巨大。再加上当时中国邮电系统尚未分家，邮电部下属的企业效率相对较低，1987—1989 年没有中国厂商供应交换机。

如此巨大的需求都被集中到了香港和与之毗邻的深圳特区，并以转口贸易的形式出现。

一开始，华为没有直接切入交换机的生产和研发，而是走的传统企业“贸工技”的路子——代理。在此阶段，华为是代理链条中的一个环节，处于总批发的位置。

没过多久，任正非对于技术和客户有了自己的看法，在代理的同时很快对通信产业有了全局的了解。1989 年，任正非敏锐地发现，国内通信厂商已准备进入交换机的生产了。此刻，任正非意识到，这些厂商一旦生产交换机，就有可能以低价进入交换机市场，而高价的国外产品将被挤出市场。这样的变化意味深圳代理商未来的日子会越来越艰难。

在 20 世纪八九十年代，企业和单位用的交换机可是买家找卖家，作为卖家的日子好过得很。在当时，对于“倒买倒卖”的事情，除了敢做之外，需要的其他技能并不高，其门槛相对较低。在这种情况下，各路英雄纷纷涉足企业和单位用交换机市场。在深圳一地，一个月内就涌现出了几百家这样的代理公司。

代理公司的增加，无疑加剧了代理市场的对抗和竞争，“没有什么只有你能做，别人不能做的，关键是客户给不给你做！”一种对市场的感觉很快渗透到华为人的骨子里。

的确，代理销售凭借的是关系、价格和服务，相对来说，没有自身的技术。1989 年，由于用户交换机的市场太大，全国两百多家国营单位进入了用户交换机的生产和销售，国家限制信贷、控制设备进口，华为的代理业务就这样走到了尽头。

华为在做代理时，不可避免地遇到了各种进出口政策的限制以及来自原厂的各种风险。在当时，由于交换机产品紧俏，一台 500 门的交换机开通，当地省级领导都要去现场剪彩。单位用户要订货，至少需要提前半年支付订金给华为，华为再支付订金给香港的原厂。但是，由于交换机产品供不应求，香港的原厂时常不按时发货；若产品出了问题，也无法及时修理；备板、备件等也不提供给代理商，使得华为在为客户服务时处于较为被动的局面。

尽管如此，华为依然坚持“以客户为中心”的理念。为此，华为在 2016 年的财报中写道：“2016 年，华为消费者业务坚持以消费者为核心，持续提升消费者体验，聚焦有价值的创新，在多个领域实现重大突破，行业领导力、产品创新力和全球高端品牌影响力进一步提升，受到全球更多消费者的喜爱与合作伙伴的青睐。2016 年实现销售收入人民币 1 798.08 亿元，同比增长 43.6%，全年智能手机发货量达到 1.39 亿台，同比增长 29%，连续 5 年持续稳健增长。”

这份数据足以说明，华为的消费者之所以能够保持高速增长，是因为华为创始人任正非一向坚守的“以客户为中心”。

早在华为的初创阶段，任正非就已经开始践行“以客户为中心”了。1987 年 8 月，曾就职于重庆电信局的陈康宁辞职“下海”了。“下海”后，陈康宁当过华为的代理商。当时，陈康宁在重庆创建了一个公司，主要业务是向重庆地区的单位用户推广程控交换机。

1987 年年底，任正非亲赴重庆，大力拓展单位用户交换机市场。经过他人推荐，任正非与陈康宁见了一次面。

与任正非初次见面后，陈康宁觉得任正非为人真诚、直率。任正非回到深圳后，立即给陈康宁邮寄了成箱的交换机手册以及其他资料。

当时，华为的产品宣传资料都是一本红皮的册子，由于它们是代理香港的产品，所以资料内容都是以繁体字呈现的。

在这份宣传资料中，给客户印象最深的是两点：第一点是印在封底上的一段宣传口号——“到农村去，到农村去，广阔天地大有作为。”第二点是华为的承诺——“凡购买华为产品，可以无条件退货，退货的客人和购货的客人一样受欢迎。”

在这样的宣传下，陈康宁就成了华为在重庆地区的代理商。在那时，由于交换机处于初级发展阶段，其故障率相对较高，再加上交换机以进口为主，因而备板、备件等技术服务无疑是很难跟上的。

当时，为了代理商便于维护和保修，华为除了维修备件外，还会多发一套交换机。一旦出现故障，华为代理商在维修时，就可以在这台交换机上进行测试或者取下电路板，最后还可以将这台交换机以及坏的电路板全部返回深圳。

在陈康宁为客户装了几台华为发过来的设备后，华为处处为代理商着想的与众不同的做法让陈康宁的忠诚度更高了。华为一心为代理商着想的做法，不仅保证了客户的售后服务质量，而且当时销售同类产品的其他公司根本就做不到。

1988 年，陈康宁陪同重庆客户一起到深圳考察华为和订货。到深圳后，陈康宁才发现华为只有几个人，而且在其他地方还没有办事处。

陈康宁与华为谈好合同后，正好到了下班的时候，任正非叫了华为唯一的一辆小车，安排客户和公司陪同人员去南蓉酒家用餐。

在车开动后，陈康宁坐在车上，目睹了任正非沿着路边一步步地走回家。客户和陪同客户的员工坐车，而总经理自己走路，任正非的这种做法让陈康宁终生难忘。

1989 年，陈康宁陪同四川地区的一位局长以及几名科长到深圳华为考察，住在深圳华强北附近的格兰云天酒店。

当天，任正非在该酒店向客人介绍完产品已到晚上十一点多，而后任正非从华强北回到深圳南头，其路程即使开车都需要一个多小时。当时，从华强北到深圳南头只有一条弯弯曲曲的土路，路边还是荔枝林和农田。由于任正非回去得很晚，客人原以为任正非第二天会晚点儿到酒店，结果第二天早上七点多，任正非就已来到了酒店大堂，陪客人下楼吃早茶了。这就意味着任正非需要早上五点多就出发，而前一晚任正非最多只能休息四个小时。

正是任正非如此热情和诚挚地对待客户，让所有在场的客户非常感动。陈康宁在被任正非感动后，更加坚定了自己的决定——加盟华为。

1990 年 3 月，陈康宁向共同考察过华为的那位四川某地区局局长告别。当时，该地区已向国内另一厂家订了一台 200 门的程控交换机，但一直未到货。就在此时，该局长下达通知：对不重视客户、违反协议的厂家，取消其合同，改订华为的 HAX－100 系列的 200 门交换机，陈康宁就代表华为签订了此合同。

陈康宁带着这份合同，在 1990 年 4 月 1 日加盟了华为。随后，陈康宁在华为担任过市场部、生产部、企业文化部等多个部门的负责人。

后来，陈康宁还发现：华为不仅是在只有一辆车时，就是拥有很多辆车后，还是把最好的车用于服务客户，而不是用于服务老板和直接领导。

1997 年年底，华为的销售额已达到几十亿元，而任正非都是一个人走半个多小时的路上下班。此后，由于华为基地距离任正非住的地方远了，他才自己买车，自己开车上下班，依然没有私用过华为的车。

第 4 章　研发，研发

在代理的过程中，任正非意识到，由于没有自己的产品、没有自主研发以及缺乏备件，一旦出现故障，华为的优质服务就很难进行。在这种情况下，所谓的“为客户提供优质服务”不过是一句空话。

任正非觉察到，产品、客户、订单、公司的现金流、公司的命运都卡在别人手上，华为面临一个国内交换机稀缺和相关设备提供商的空白。

当时，对于那些因国家信贷政策收缩而出现资金链濒临断裂的代理商而言，无疑不会冒更多的资金风险去研制交换机。做代理是改革开放后中国早期企业家获得第一桶金的途径之一，即使在当下也是如此。在当年的 IT 产业中，除华为外，总部位于北京的联想也开始了自己的“贸易”之路。不过，两者不同的是，华为在做代理有了初步积累后，果断地放弃了代理，走上了自主研发和自主生产之路。

组装仿制

1989 年，任正非深知：华为要想基业长青和永续经营，只做代理是不够的。经过慎重的考虑，任正非毅然走上了自主研发之路。

在当时，不只是任正非，众多代理商也想自主研发，但他们既没有技术，也没有人才。一个现实的问题摆在任正非面前，华为到底从哪里入手？

当时，邮电部下面好几个国营单位已生产出 34 门和 48 门的单位用交换机。面对竞争者，任正非不得不进行曲线拓展。其原因是，此时的任正非已决意通过采购散件的方式自行组装交换机来供应市场，同时建立华为的品牌。在这两年的时间里，华为已建立了一张全国范围内的销售网络。

1989 年，任正非推出了 24 门交换机的定价策略。那时，任正非定出了一个很有竞争力的价格，使得市场上的客户需求一下子集中到了华为这里。

基于此，华为收到了大量的订金。但与此同时，由于该类型的交换机需求实在太大，以致华为采购不到相关散件，从而大量付了订金的订单很可能无货可发。

为了维护华为在客户中的信誉，同时也为了使华为彻底地打开在交换机市场上的空间，1990 年任正非决定，华为对这款 BH01 产品进行全部软件和电路的自行开发。

华为的第一款品牌产品——BH01，不过是一款从国营单位购买散件自行组装的产品。曾就职于华为的张利华写道："华为先将 BH01 相关的散件采购回来，再做包装，撰写产品说明书。随后，以华为的品牌开始推广——华为代理商进行销售。"

相关资料显示，华为的第一款产品——BH01，只是一款 24 门的用户交换机，属于低端产品。基于此，该产品的市场需求受到限制，只能在小型的医院、矿山等单位使用。

当时，华为的 BH01 产品和同行的 BH01 产品同时在市场上销售。与同行不同的是，华为坚持以自身品牌与其他同类产品相区分，并慢慢地把自己的优质服务注入到功能、外观中。

在这个阶段，华为在销售第一款自主品牌的产品时，其实就是把其他厂家生产的 BH01 宣传单上的厂家、地址和品牌一抹，换成华为的，再发个传真给客户就完成了。

华为这样做，尤其是控制散件，其好处就是可以控制好设备的备件。这一变化让华为拥有了独特的优势，不仅提升了对客户的技术响应度和服务质量，同时还拥有了华为自己的品牌。这样就不用像做别人的代理那样，还需要花钱购买代理权，甚至还需要提前半年以上支付订金去订货。

在把华为的品牌打造好后，华为还可以在全中国发展自己的代理商、收取代理费，无疑可以缓解华为现金流的紧张问题。

此时，对于华为来说，购买散件需要向厂家提供更大的订单。一般来说，订购整个交换机通常可以一台台地预订。然而，预订散件至少需要几十件起订，这就要求华为拥有更强的周转资金和市场销售的能力。不仅如此，由于供散件的厂家自己也在销售产品，因而华为的散件供货往往得不到保障。

出乎华为人预想的是，由于华为的服务好、销售价格较低，因而华为的第一款产品——BH01 供不应求。华为采购的散件也被断了货源，甚至还出现收了客户的货款却无货可发的事情。

1990 年，面对大量订单，华为被“逼上梁山”，即必须在最短的时间内突破自主研发，实现自己控制生产、控制产品，否则客户就会上门来要货或者要求退款，为此，华为一度面临现金流断流及关门的危险。

1990 年，由时任香港华为财务管理部负责人的莫军任项目经理，华为开始按照 BH01 产品的电路和软件，进行自主知识产权的电路设计和软件开发。

为了给客户以型号有延续性的印象，华为将该产品的型号命名为 BH03，最初也是从 24 门开始的。

尽管 BH03 的功能与 BH01 差不多，但它的机壳更为漂亮。另外，华为设计了 BH03 的每块电路板，并研发了 BH03 的话务台软件。

当时，华为使用了一个六人小组来研发 BH03 这一项目，软硬件全在一起做。这几个工程师既要负责电路板的设计以及全部软件程序的编写，还要进行整机的调试。由于缺乏最基础的研发环境，该研发小组甚至连最基本的测试设备也没有。

但凡从外面加工回来的电路板，由于焊点有上千个，工程师们不得不用放大镜一个个地目测检查有没有虚焊、漏焊或连焊。在进行交换机的性能检测时，由于当时没有自动测试的设备，工程师就用话机一项项地测试。当遇到大话务量的测试时，通常就把华为的全部人员都叫到一块，一人两部话机，大家同时拿起听筒测试。

经过近一年的研发和试制，华为终于自主研发出 BH03 型号的、拥有自主知识产权的用户交换机，并通过了邮电部的验收，取得了正式的入网许可证。

在研发和试制的过程中，当初价值 100 万元的 8 台 BH03 用户交换机都是由工程师们一台台地调试、修改、再测试的；测试通过了，再拿给华为其他人贴标签和包装，然后从华为办公室里出货。

任正非事后回忆道："华为当时不仅使用了自己所有的利润来投资这一研发，而且把客户预订交换机的钱都投了进去。如果到 1991

年这一产品还不能供应市场的话，华为就会破产了。”

任正非和华为都是幸运的，因为最终赢下了此局。究其原因，华为 BH03 交换机得到客户的认可，极大地刺激了任正非和华为对研发投入的动力。作为华为第一款严格意义上的自主研发产品，BH03 只是一台能够带 24 门分机的小总机，任正非肯定愿意研发和生产利润更好的、能够带更多分机的大型交换机。

当时，华为只能以代理的形式来做大型交换机。为了解决这个问题，任正非引进了郭平和郑宝用两位电信方面的专业人才，连续开发了能够带 48 门分机的 HJD48 产品以及能够带 256 门和 500 门分机的两款产品，使华为成为交换机市场上具有全系列产品的一个完整供应者。

1991 年，华为开始宣传首款自主研发产品，其宣传资料中的小字写道：“每月 10—18 日在深圳举办用户学习班，月月如此，不再另行通知”和“生活费用自理，技术培训免费，无论是否订货，一视同仁”。

在宣传资料的最上方，华为的广告语是：“祝您早日走上成功之路，电子通信是您发达的催化剂，一种优良的小程控交换机会使您的办公发生较大的变化。”

当时，华为的办公室既是实验室，又是生产部。在办公楼一层，中间被隔成了几个不同的办公区，华为没有专门的研发部门，只有项目组，而项目组负责 BH03 的研发、生产和测试。

由于 BH03 项目持续几个月白天黑夜地干，工程师们吃、住、睡全在华为，甚至连外面是刮风还是下雨都不知道。其中，有一位工程师在 BH03 产品研制成功时，由于过度劳累，眼角膜都累掉了，不得不住院做手术。正是华为的重金研发，才使其在 1992 年跃升为中国不可多得的用户交换机生产企业，而华为当年的销售额也突破了 1 亿元。

自主研发新产品

虽然华为的第一款产品仿制出来了，但华为的第二款、第三款产品应该怎么办？尽管华为要做自己的品牌产品，但在当时没有更多的技术力量。

为了解决这个棘手的问题，任正非主动联系华中科技大学（当年叫华中理工大学）、清华大学等高校，邀请教授带着老师和学生参观华为，尽可能地寻求技术合作的可能性。

有一次，华中科技大学的一位教授带着他的研究生郭平参观华为，就是这次参观为华为后来的发展开启了一个新的征程。当时，郭平刚刚研究生毕业，按照当时的分配，郭平将留在华中科技大学当老师。

在郭平参观华为后，年轻的郭平被任正非特有的企业家做大事业的抱负、待人的热情和诚恳吸引。就这样，任正非当即就“拿下”了郭平。

经过一番激情洋溢的谈话，敢想敢干的郭平毅然放弃了在华中科技大学当老师，决定加盟华为。任正非立即把郭平留在深圳，让郭平成为华为第二款自主研发产品的项目经理。

郭平领导研发的产品就是 HJD48 小型模拟空分式用户交换机，这是一台可以带 48 个用户的新产品（当时，为了给客户留下产品有延续性的印象，一开始叫作 BH03U，原来莫军负责的 BH03 改为 BH03K）。

郭平加盟华为后，作为华为自主研发产品的负责人，他也为华中科技大学的优秀人才做了一个榜样。在郭平言传身教的示范作用下，郭平的同学郑宝用也加盟了华为。

郑宝用，华中科技大学本科和硕士毕业。毕业后，郑宝用留校当了老师。1989 年，郑宝用考上清华大学博士没多久，在参观华为后，他也被任正非的理想和抱负所打动，由此就再也没回清华大学读书，其博士学位也不要了。

1989 年，郑宝用到华为与任正非会合，对于华为来说，这次会合的意义十分重大。曾就职于华为的张利华写道："在华为公司研发的历史上，这不亚于当年朱德与毛泽东的'井冈山会师'。"

这样的评价非常客观，因为郑宝用这位技术天才的加盟，一下子就拔高了华为的技术研发水平以及华为研发的组织形式。

郑宝用的加盟，加快了华为产品的研发和生产。由于郑宝用思维敏捷、为人随和、性格直率，同事们都习惯地称他为"阿宝"。

刚开始时，郑宝用在郭平的项目组里研发 HJD48，并成为 HJD48 的软硬件开发主力。在 HJD48 项目结束后，郑宝用就被任正非提拔为华为副总经理兼第一位总工，主要负责华为产品的战略规划和新产品研发。

在当时，华为人对战略规划还没有什么概念，郑宝用的职责被华为人理解为"只要是不生产、不发货的产品，凡是没做出来的产品，都归郑宝用负责"。

在华为这个平台上，郑宝用的才华得到了充分的施展，华为很快就推出了 HJD48 小型模拟空分式用户交换机，一台机可以带 48 个用户，在技术实现上取得了新的突破。

HJD48 小型模拟空分式用户交换机中的一块板就可以带 8 个用

户，与华为前两款产品（BH01、BH03）一块板只能带 4 个用户相比，极大地提高了产品的集成度。也就是说，对于类似的产品、同样的功能，HJD48 小型模拟空分式用户交换机减少了产品所占的空间面积，使产品的容量得到提升，还大幅降低了产品的成本。HJD48 小型模拟空分式用户交换机产品投入市场后，因其质优价廉，得到了很多单位用户的好评。

1991 年，郑宝用主持开发华为新产品——HJD04 500 门用户交换机。该产品可以带 500 个用户，采用了光电电路和高集成器件，被邮电部评为国产同类产品质量可靠用户交换机。

郑宝用在给华为做战略规划的同时，还带领研发人员成功开发出了一台用户交换机带 100 门、200 门、400 门、500 门等系列化的用户交换机，极大地填补了中国通信市场的空白。

在郑宝用的带领下，用户交换机系列产品在 1992 年给华为带来了年总产值超过 1 亿元、总利税超过 1 000 万元的销售业绩。

迄今为止，郑宝用的工号都是 00002，足以看出郑宝用对华为的贡献。当然，他对华为早期研发的贡献包括后来的 C&C 08 数字交换机、芯片、传输、无线等多个产品，还包括华为公司早期研发的组织架构建设等，他是华为公司早期研发的领军人物，也是华为公司系统化、规模化研发体系架构的总设计师。郑宝用负责建设了华为早期的研发队伍和产品体系，也是华为公司的第一位中央研究部负责人、华为公司常务副总裁以及华为公司副董事长。

第二部分

灯火阑珊处

宝马追不追得上特斯拉，在一段时间内是我们公司内部争辩的一个问题。多数人都认为特斯拉这种颠覆式创新会超越宝马，我支持宝马不断地改进自己、开放自己，宝马也是能学习特斯拉的。汽车有几个要素：驱动、智能驾驶（如电子地图、自动换挡、自动防撞、无人驾驶……）、机械磨损、安全舒适。后两项宝马居优势，前两项只要宝马不封闭保守，是可以追上来的。当然，特斯拉也可以从市场上买来后两项，我也没说宝马必须自创前两项。宝马需要的是成功，而不是自主创新的狭隘自豪。华为也就是一个“宝马”（大公司代名词），在瞬息万变、不断涌现颠覆性创新的信息社会中，华为能不能继续生存下来？不管你怎么想，这是一个摆在你面前的问题。

——华为创始人　任正非

第 5 章　C&C 08

2004 年 1 月 8 日，北京通信和华为共同宣布，C&C 08 交换机在北京通信 100 万线集团用户网实现了全年稳定运行。这再一次证明华为设备在网络安全性和可靠性方面达到了业界最好水平。

对于当时连续三年全球出货量第一、全球应用已超一亿端口的华为 C&C 08 交换机来讲，这只是众多荣誉中的一个。

作为后来者的华为，1997 年才进入北京市场，超过 100 万端口的 C&C 08 交换机全年无重大安全事故、无设备故障，充分地说明了华为在研发生产流程的质量控制方面已经达到世界级水平并已超越了一些国外设备制造企业，其声誉赢得了全球用户的好评。

自主创新，不断完善

从 20 世纪 80 年代末开始，电信业的飞速发展给中国民族通信企业的生存和发展提供了一块良好的土壤，许多领域也因此取得了快速发展。

例如，20 世纪 90 年代初，中国的程控交换机取得了群体性突破。在当时，华为 C&C 08 交换机的问世，就赢得了中国各地电信局的热切关注。

1993 年，C&C 08 交换机在浙江义乌首次开局时，电信局的领导、专家都多次亲临机房，从机柜工艺、固定方式到支持远端用户等方面向华为年轻的开发团队提供了珍贵的指导。C&C 08 万门交换机在江苏邳州开局、参与建设深圳商业网、首次进入市话网、首次承建长途汇接局……华为创造的一个个“第一次”奇迹，都赢得了客户的大力支持和宽容理解。使命感较强的任正非没有辜负这份信任和支持。在研发和设计 C&C 08 交换机时，充分考虑了中国的国情特点，借鉴和吸收了大量的专家意见及先进技术。

例如，华为研发和设计 C&C 08 交换机时，就选择了光纤作为模块连接，主要是因为当时许多电信领导和专家都意识到，在农话中必须解决防雷、功耗、远端模块等问题。

1999 年，互联网的高速发展无疑给 PSTN（Public Switched Telephone Network，公共交换电话网络）带来了巨大的压力。在当时，大量的拨号接入长期占用中继资源，造成了话务量的拥塞和呼损。

针对此问题，华为和运营商由此开展联合研究，在 C&C 08 交换机上开发了互联网接入单元。具体的办法是，内置接入服务器和话务旁路。这样一来，C&C 08 交换机就有效解决了拥塞的问题。

经过这样的改良，C&C 08 交换机接入单元也可单独组网，成为电信级接入服务器，由此可以提供大容量接入和稳定连接。

正是因为华为考虑了国情，所以 C&C 08 交换机很快成为运营商的首选，并迅速获得了全国市场过半的份额。华为解决了运营商的难题，而后通过自主创新，不断地完善 C&C 08 交换机的功能，使其逐步成为中国通信建设的重要机型。

1998 年，华为 C&C 08 交换机全年销售 1 070 万端口，一跃成为中国最受欢迎的程控交换机，与其他四种国产设备并称“五朵金花”。

贴近需求

在国产交换机取得整体突破后，具有自主知识产权的通信设备开始从农村慢慢地进入城市，并从“底层网”向“高层网”跃进。当时，作为中国运营商，尽管华为对用户需求非常了解，却得不到厂家的支持，许多面向市场、满足客户的需求都无法实现。

1995 年，作为改革前沿的广东电信，深刻地觉察到社会发展对电信新业务日益增长的需求，于是率先提出了为大客户建设商业通信网的概念。

1996 年年初，广东省局通过组织多方考察和认证，最终选择华为 C&C 08 交换机在深圳建设商业试验网。当然，商业实验网对于广东省局和华为而言，既是一个面向市场的选择，也是一次严峻的挑战。

在当时的情况下，商业客户的需求是什么？运营商如何满足这些需求？设备商如何实现这些需求？……一大堆问题需要解决。

为了真正地解决这些问题，华为开始深入调查客户的需求，并组织精兵强将艰难攻关。经过充分的调研，华为很快拿出了一个解决方案，并提交测试。不仅如此，广东省邮科院也紧锣密鼓地设计并实施了多次测试。

1996 年 10 月，深圳商业网建成并首次亮相，同时成功地开通并演示了多项商业网业务。在深圳商业网取得成功后，华为再接再厉，深入分析商业用户的通信需求，又陆续开发出了 Centrex（市话交换分局，中央交换机）特色业务、远端话务台、酒店通信解决方案以及宽窄带融合的增值业务。

华为始终坚持需求在哪里，华为的产品研发就在哪里。比如校园卡，该产品就是运营商与设备商通力协作的案例。

1997 年，天津市话局洞察到中国高校通信市场的潜力巨大，于是就向华为提出了如何满足预付费卡业务的需求。

为了解决这个问题，华为工程师在 C&C 08 交换机的现有业务基础上，针对校园特点，定制了业务流程和计费方式，由此推出了校园卡业务。

很快，校园卡热销天津各大校园，并迅速进入机关、医院、企业等市场，进而在中国各地得到用户的认可。

校园卡的热销，让运营商的创造力和市场潜能都得到了极大的释放：“爱心卡”“小区卡”“202 卡”……在 C&C 08 交换机的支持下，层出不穷的卡类业务为运营商带来了可观的社会效益和经济效益，同时也为华为的研发提供了动力。

华为在满足定制业务需求的同时，还在 C&C 08 交换机基础上创造性地引入了智能网的设计思路，为本地智能网提供解决方案，从而极大地促进了中国智能业务的发展。

拓展国际市场

当华为在中国本土进入城市“巷战”后，华为的海外业务也在如火如荼地拓展，C&C 08 交换机无疑就成了华为拓展市场的排头兵。

1996 年，华为 C&C 08 交换机在艰难的拓展后进入香港的和记电讯网络。相比中国内地，香港地区成熟的运营市场和苛刻的用户要求对华为提出了一个个新的挑战。

为了适应香港狭小的机房，华为专门提供了壁挂式的远端模块；为了满足号码自由迁移的要求，华为提供了定制化的号码携带（number portability，NP）功能。

如今，华为 C&C 08 交换机在香港已拥有二十多个局，覆盖了主要商业区的三千多座写字楼和香港机场，为香港的通信提供了有力保障。

回顾当初，华为为了打开香港市场，可是费了九牛二虎之力。1996 年，中国香港的和记电讯刚刚获得固定电话运营牌照，这个项目的难度很大，需要在较短时间内实现移机不改号，其限定时间甚至只有短短的 90 天。

得到这个新业务后，和记电讯率先在欧洲市场寻找合作者，但让和记电讯失望的是，它们所能找到的设备供应商最短也要 6 个月时间来完成该项目，而且价格非常昂贵。

随着项目推进时间的一天天逼近，当和记电讯一筹莫展，甚至将该项目视为“不可能完成的任务”时，有人推荐了位于深圳的华为。

在这样的机缘巧合下，和记电讯与华为合作了该项目。为此，华为派出了自己最精干的人员，用了不到 3 个月的时间，非常顺利且出色地完成了该项目。

与跨国企业提供的一流产品相比，除了价格上的优势，和记电讯更青睐华为提供的新电信业务生成环境的灵活性，华为提供的设备不仅可以放在办公室，甚至还可以放置在楼梯间，适应了香港人多地少的特点。

华为在和记电讯项目上的迅速完工，成功帮助和记电讯提升了自己的竞争力。与香港电信相比，和记电讯的竞争优势更加明显，特别是因此项目提升了自身的差异化优势。

华为在与和记电讯的合作中，不仅提出了更高的要求，而且在面临艰难时显出了英雄本色。华为在和记电讯提出的关于产品质量、服务等方面近乎“苛刻”要求的前提下，顺利完成了任务，并为华为日后拓展国际市场进行了一次前所有为的“大练兵”。

对致力于国际化的中国企业来说，中国香港都是自己国际化的“试验田”。究其原因，中国香港市场拥有特殊的优势。因此，中国香港贸易发展局研究总监关家明在接受《第一财经日报》采访时介绍道：

> 香港的优势主要集中在专业服务方面，不论是基建、制造业还是市场开发，都需要一系列专业服务，从最开始的规划，到项目过程中的管理，再到项目后期的营运，这些都是香港有相对优势的行业。当然，贯穿于整个过程中的金融、风险管理、法律、审计，也是香港企业的优势，这是从行业的角度去讲。
>
> 另外，从“一带一路”倡议的发展策略方面来看，香港的优势在于国际化。一方面，本地企业的国际化。香港本身已有很多国际企业，比如有很多港口公司已在全球几十个国家近百个港口都有业务，还有一些做通信的企业也提供许多跨国服务。另一方面，有很多国际企业在香港。比如欧洲、美国、日本等一些发达国家和地区的跨国企业基本都会在香港设点。这两类企业加起来，就能把国际上一些通行的标准、做法和有效的技术，注入到“一带一路”项目中。
>
> 香港的另一个特色是，它拥有一个比较市场化的环境，无

论是人力、金融还是法律，各方面的平台都比较成熟。例如，一个项目涉及不同地区和具有不同背景的企业，怎么去整合？我们这里有很多大型会议、展览，通过这个平台可以对接，对接后谈项目的过程中所涉及的法律问题、金融问题、资金问题，我们也有很多相关的平台。譬如项目进行过程中牵扯到的一些法律纠纷，都可以在香港找到国际性的仲裁平台。所以，国际化和市场化是香港最大的优势。①

在关家明看来，已经国际化和市场化的香港市场给中国企业提供了走向海外市场的一次实兵演练。在“走出去”的中国企业中，华为也同样遵循这种先易后难的国际化路线。

在华为拿下香港市场后，C&C 08 交换机陆续进入了俄罗斯、巴西、印度、马来西亚、西班牙等国家和地区，并在俄罗斯、巴西设立了制造工厂。以俄罗斯为例，华为 C&C 08 交换机就有一百五十多万个端口部署在其电信网络上。

经过多年的艰苦奋战，华为逐渐从一个交换机领域的后起之秀发展成如今全球固网领域的主导厂商。咨询公司 Dittberner 的报告数据显示，截至 2003 年年底，C&C 08 交换机在全球五十多个国家和地区的应用超过了 1.3 亿端口，并且连续三年在全球新增市场上排名第一。

---

① 方向明．参与“一带一路”，香港的优势在于国际化和市场化．第一财经日报，2017-06-06．

第6章　星火燎原

当华为通过代理交换机赚得第一桶金后，任正非毅然选择了自主研发、推出自己的产品，因此华为产品不仅在价格上低于国外同类产品，在质量上同样高于国内组装品牌，以此助力华为腾飞。

此后，华为涉足程控机市场，与国外跨国巨头短兵相接。由于程控机客户是更为专业的国家电信部门，加上华为在初创阶段没有名气和背景，其很快就陷入困境。

在当时，由于客户熟悉国外的爱立信、朗讯等大型企业的产品和生产环境，当他们参观了华为简陋的厂房和设备后，几乎没有多少客户愿意下订单。

在如此困局下，任正非确立了华为“农村包围城市”的发展战略。任正非的具体做法是，先从容易合作的低端客户开始。基于此，华为要求自己比竞争对手更准确地理解客户的需求，生产出更合适的产品，通过价廉质优和优质的服务赢得客户。

经过一步步的艰苦努力，华为就这样在农村市场站稳了脚跟，而后向城市市场转移。当新一代电信技术“宽带”来临时，华为提早布局，并一举奠定了自己的行业位置。

践行“农村包围城市”理论

华为曾在数字交换机的开发过程中用过几个名字。1993 年年底数字交换机开发即将结束，此时该交换机将出去开实验局。于是，华为在全公司征集名字，经过筛选，最终采用了 C&C 08 这个产品名称。

所谓 C&C，其实有三个含义：第一，Country & City（农村 & 城市）。此名的寓意是，华为产品率先进入农村，然后才是城市。第二，Computer & Communication（计算机 & 通信），数字程控交换机就是计算机和通信的组合。第三，China & Communication（中国 & 通信），这是郑宝用向国家领导人宋健正式汇报时的解释。

从华为对 C&C 的第一个解释足以说明，华为的重心首先是农村，其次才是城市。这样的侧重就是“农村包围城市”战略的具体体现。

大量事实证明，中国企业家都非常崇尚“农村包围城市”这个战略。不管是娃哈哈创始人宗庆后，还是巨人创始人史玉柱……都将“农村包围城市”作为企业的重要商业战略。

1993 年，当任正非重金研发数字电话交换机后，面对资金和实力雄厚的跨国公司，任正非非常清楚，绝对不能与它们直面交锋，因为这还不是决战的时候。尽管有时兵临城下，但精明的任正非依然采用“农村包围城市”这个战略，凶猛大胆地在小城镇市场上推出华为自己研发的数字电话交换机。

任正非以此为根据地，集中一切力量搞研发。在任正非看来，只有“枪杆子才能出政权”，“农村包围城市”必须以研发为前导。

在这样的基础之上，华为开启“农村包围城市”的战略引擎，然后将其推向全中国，华为因此大获成功。于是，任正非把“农村包围城市”这种战略思想作为华为后来进军海外的最重要策略，而且屡试不爽。

“农村到城市”的战略逻辑

创业初期的任正非并不满足对代理这种商业模式的追求，当他敏锐地意识到交换机技术在当时中国市场的巨大商业价值后，特别是了解到该项技术的应用性后，他力排众议，将华为的所有资金都投入到研制自有技术中。

任正非的做法与其他企业家格格不入，在他们看来，当时的商业机会遍地都是，任正非却孤注一掷地搞研发。然而，正是因为任正非的远见，才有了今天的华为。

有投入就有回报，尽管华为当时的资金有限，但任正非坚定地搞研发，使得华为研发小组终于研制出了 C&C 08 交换机。

当产品研发出来后，一个非常现实的问题就是如何销售。当时，世界跨国公司，特别是国际电信巨头已经垄断中国市场，甚至盘踞各省市多年，华为要想从这些拥有雄厚财力、先进技术的百年老店那里夺得市场份额，无异于虎口拔牙。

一些学者撰文称，与世界跨国公司，特别是国际电信巨头直接交火，未免是以卵击石。尽管如此，中国人的韧性往往是在最严峻时被激发出来，任正非获取市场的第一步就是采取低价——C&C 08 交换机的价格是国外同类产品的 1/3。

当华为 C&C 08 交换机获得一些市场后，由于国内市场迅速进入恶性竞争阶段，因而一些国际电信巨头依仗自己的雄厚财力，有针对性地大幅降价，妄图将华为等国内新兴电信制造企业扼杀在摇篮里。

面对如此惨烈的竞争，任正非运用“农村包围城市”的战略，使得华为在企业的丛林里生存了下来。

1992 年，被任正非寄予厚望的、华为自主研发的交换机及设备推向市场后，为了避开当时垄断中国市场的阿尔卡特、朗讯、北电等洋巨头的竞争锋芒，任正非以“农村包围城市”的战略迅速攻城略地，迫使在中国市场上的通信设备价格直线下降。随后，任正非开始在全球依法炮制“农村包围城市”，蚕食欧美电信商的市场，并成功地在“诺曼底登陆”。

正是因为任正非选择了国际电信巨头无意甚至是不屑的市场进行深耕，才让华为赢得了生存和发展的空间。任正非之所以实施“农村包围城市”的战略，是想让华为先占领阿尔卡特、朗讯、北电等国际电信巨头没有能力深入的甚至是不屑的广大农村市场，然后步步为营，最后占领城市市场，从而有效地避免了华为被国际电信巨头剿灭。

对于电信设备制造来说，客户对售后服务的要求非常高，因而电信设备制造商不仅要花费大量的人力和物力，而且在偏远的地区要耗费巨额的成本。当时，一些国际电信巨头（如阿尔卡特、朗讯、北电等）最多是把分支机构设到省会城市以及沿海的重点城市。跨国公司这样做有其自身的战略考量，如果涉足偏远地区，那么自然就会摊薄其利润，因此无暇顾及广大偏远地区和农村市场。

基于此，华为可以畅通无阻地拓展其疆土，这正是华为作为本土企业的机会和优势所在。由于农村市场的实际购买能力有限，即使跨国公司的产品大幅降价，它们与农村市场的支付要求还是存在一定的差距。因此，国际电信巨头基本上放弃了农村市场。

尽管偏远和农村市场的购买力不足，但对于华为来说却如同“久旱逢甘霖”，由于华为产品的价格比国际电信巨头的同类产品低2/3，但功能与之类似，因而C&C 08交换机的推广相当顺利。

事实证明，“农村包围城市”这个战略不仅避免了国际电信巨头扼杀华为于萌芽状态，更让华为积累了资金和研发能力，获得了长足的发展机会，培养了一支精良的营销队伍，建立了一个研发团队，为华为从“农村包围城市”到“城市打巷战”积蓄了资本。

正是因为华为坚持自主研制的策略，让华为在冒极大风险的同时也奠定了适度领先的技术基础，最终成为华为的一大资本。因此，虽然当年与华为一样代理他人产品的数千家公司以及随后也研制出了类似程控交换机的中国新兴通信设备厂商纷纷倒闭，但华为在广大的农村市场“桃花依旧笑春风”。

攻坚城市通信市场

面对强敌，特别是国际巨头的竞争，对于创业初期的华为而言，“上刺刀肉搏”显然是不明智的，也是不现实的，主要是国际巨头凭借雄厚的资金和技术足以把初创时期的华为剿杀在萌芽当中。

面对残酷的竞争环境，任正非十分清楚，只有迂回，才能避开与跨国巨头的直接竞争，而大踏步地开拓农村市场，这是一个较为明智的抉择。

回顾华为创业时，中国城市通信市场几乎被“七国八制”垄断的情况（指来自欧、美、日等七个发达国家和地区的八种交换机制式），华为根本就攻不下跨国巨头垄断的中国城市市场。不得已，华为只能挖掘中国农村通信市场这个巨大的蓝海市场。

众所周知，拓展农村市场旨在建立根据地，当华为发展到一定规模时，“三分天下”的目标就开始成为华为的战略。这是因为华为不可能甘愿停留在农村市场，也不会局限在农村市场。

研究发现，“农村包围城市”是华为生存与发展的一个市场战略，其拓展农村市场的目的是拿下城市市场。为了成功地拿下城市市场，任正非在农村市场“圈地”的同时，集中了大量的人力、物力和财力用于研发及设计新产品，不仅从技术上追赶跨国企业和国有企业，同时还从服务着手，一步步地撕开城市市场的口子，真正地达到“包围城市”的战略目的。

反观华为的创业史就不难看到，由于华为在初期是做代理起家的，在研发和设计上压根就没有任何技术储备。在这样的情况下，华为能够搞出一个打败跨国公司的产品，这样的难度超出人们的想象。

“有困难要上，没有条件，创造条件也要上”，在这样的决心下，C&C 08 交换机终于成功地研发了出来。从此，华为就有了与跨国巨头叫板的资本。当然，尽管此刻的华为在农村市场取得了骄人的业绩，但并不意味着它具备了足够的、与跨国公司正面对抗的实力。

华为在农村市场的节节胜利与跨国公司没有精力拓展农村市场有关。究其原因，在跨国巨头的市场逻辑中，一向坚持高利润率，对于农村市场相对较小的利润空间，跨国公司不愿意花太多的成本去维系，而城市市场非常巨大，再加上农村市场的吸引力并不大，使得农村市场成为鸡肋。因此，跨国巨头之间竞争的阵地就是城市市场。

这就给华为提供了一个千载难逢的好机会。在20世纪90年代的中国，巨大的农村市场依然属于利基市场。在这种状况下，华为轻而易举地控制了广大的农村市场。

任正非敏锐地洞察到，尽管农村市场的回报率较低，但竞争非常小，甚至算是竞争的空白地带。在这样的背景下，只要能研发出与跨国公司功能相当的产品，就能进入并赢得其市场。在C&C 08交换机成功研发出来后，华为的农村市场份额就迅速地发展起来，并积累了大量的创业资本。

在此基础上，随着华为研发实力的增强，它在技术和资本上都有了足够的积累。因此，在一切准备就绪后，华为的“城市攻坚战”打响了。当时，由于华为的品牌知名度较低，因而它在与跨国巨头竞争时不具备任何优势，其拓展城市市场的难度可想而知。

面对如此竞争态势，任正非清楚地意识到，华为在抢占城市通信市场时绝不可操之过急。每到一个城市，华为往往通过免费赠送产品的方式让客户试用，由此逐渐占据了一席之地。

第 7 章　攻伐贝尔

在华为与上海贝尔的较量中，华为不仅通过价廉质优的产品和服务与其竞争，同时华为还通过更激进的营销策略打击上海贝尔。

我曾听过一位上海贝尔市场研究部人士讲述的该企业与华为的故事。该故事的大意是，在某次电信设备展览会上，一个戴着眼镜的华为员工为他准备了一些宽带城域网的资料，其后向他索要名片。那个华为员工在知道他来自上海贝尔后，竟然打算把资料从他手中要回来。在上海贝尔工作者立即严词拒绝后，华为员工才讪讪而退。

通过这件小事可以管中窥豹，这位人士由此认识到华为从上到下对竞争对手的警惕，而“同仇敌忾”的心理提升了华为整体的战斗力。

事后，该人士回到公司，客观地分析了华为的营销策略、产品战略，试图激活上海贝尔，最终却无果而返。

低价策略和优质服务

与其他中国企业一样，华为在与对手竞争时往往通过价格战来打击对象，尤其是在市场攻伐中，价格战就成为华为攻坚战的利器。

不过，与其他企业不同的是，华为实施价格战的最终目的还是击败对手，而不是拉拢客户，甚至有同行称之为“恶性价格战”。

可能读者好奇的是，华为会在什么情况下实施价格战的战略？一般来说，华为的原则是：产品、客户关系、品牌与对手并无明显差异，但市场能力弱于对方；降低竞争对手的利润，扼杀新进入者；技术上有重大创新，以自我淘汰方式强迫产业进步。

基于此，有研究者把华为的价格战分为“守势”和“攻势”两种形式：第一，当华为已经占领了某个市场时，通常就会采取“守势”。与对手竞争时，往往以守为攻，即把市场封闭起来，让对手“针插不进，水泼不进”。华为的具体策略是：①主动发现并弥补市场缝隙；②主动否定自己以提高用户满意度，阻止新竞争者进入；③利用产品组合优势封杀对手的进攻机会；④主动让利降价，不在价格上给对手以可乘之机；⑤同时在客户关系和服务上主动防守。第二，当华为拓展在对手势力下的市场时，华为立刻变为猛烈的进攻者，千方百计地发动价格战，通过自己的拓展手段打击对手的利润和销售目标，蚕食其市场，逐步挤占对手的市场空间，最后取而代之。

1995 年，当华为 C&C 08 交换机开始驱逐 NEC、富士通时，华为就把上海贝尔列为自己主要的竞争对手。

由于华为 C&C 08 交换机本身的知名度不高，再加上 S1240 早已建立的牢不可破的市场优势，如果贸然发动集团进攻，华为是无法直接在程控交换机市场上战胜上海贝尔的。

为了战胜上海贝尔，华为就实施了“避实就虚”的战略——先是攻占农村市场以及东北、西北、西南的落后省市。

在拓展这些市场时，华为利用来自通信电源销售的丰厚盈利对 C&C 08 交换机的销售进行补贴，通过低价策略引发程控交换机市场的降价竞争。

华为实施价格战的目的十分明确：第一，限制上海贝尔进入农村电话市场；第二，挤压上海贝尔的利润空间。

1999年，华为在拓展四川通信市场时，上海贝尔已经占据了四川市场将近90%的市场份额，华为要从上海贝尔的手中夺得更多市场，其面临的将是一场硬仗。

面对强敌，华为并没有退缩。华为的市场人员都知道，要想把交换机打入四川市场并且赢得胜利，必须制订极其周密的市场拓展计划。

华为在拓展四川通信市场时，一开始是稳扎稳打地开拓农村市场。华为在农村市场取得阶段性胜利后，才开始慢慢切入城市通信市场。

刚开始时，为了避开上海贝尔的直接竞争，华为通过免费的方式为客户布设接入网。由于华为做得极为谨慎，直到华为在大部分地区都布好了网点，上海贝尔居然都没有察觉。有了接入网的铺垫，交换机的进入就容易多了。

当上海贝尔终于发现了华为的“野心”时，立即予以反击。面对上海贝尔的攻击，华为拿出自己的核心优势——低价策略和优质服务，终于击败了上海贝尔。

经此一战，经过数年苦心经营的、原本垄断了90%四川市场的上海贝尔元气大伤，华为赢得了70%的市场份额。事实上，华为赢得70%的四川市场，离不开“农村包围城市”战略。农村市场的成功为华为积累了必要的资本和人脉，让华为有实力与竞争对手在城市通信市场打持久战。在国际市场上，华为同样借鉴了这种策略，首先从发展中国家市场切入，然后转向发达国家市场，在国际市场上日益发展壮大。

会展造势国际大舞台

2000年，在北京国际通信展上，为了打击上海贝尔，华为下了不少功夫，不论是在展台规模、展示内容、人员素质方面，还是在观众评价方面，都远胜上海贝尔。

与华为展台的门庭若市相比，上海贝尔展台的参展人数冷落很多。当然，正是因为有了华为的艰苦努力，华为才赢得了用户和专业人士的高度评价。这就是华为在展台高度这样貌似微不足道的地方费尽心思的原因。

基于此，此次展会被上海贝尔某市场人员称为“奇耻大辱”。一位媒体人登上上海贝尔展台的二楼接待室后便发现，上海贝尔的接待室比相邻的华为展台二楼低矮很多。

该媒体人写道：“看到华为员工及其邀请的用户以一种居高临下的姿态打量上海贝尔的展台，笔者内心十分愤慨！也许是笔者过于敏感，但高手过招，任何细微的心理优势也许都是制胜的关键。”

在会展营销中，华为把展台高度的差异都考虑到了，足以说明华为在市场拓展上的进攻态势。尽管华为这样做会增加其销售成本，在一定程度上削弱了华为的利润率。不过，华为在市场拓展方面有时是不计成本的，在《华为基本法》中，就曾对利润目标做过如此表述：“我们将按照事业可持续成长的要求，设立每个时期的合理利润率和利润目标，而不是单纯追求利润的最大化。”

正因为如此，在通向国际化的路途上，华为不仅积极地派遣员工尝试，同时还通过参加会展来提升华为自身的知名度。

在华为内部流传着一条铁律，只要是国际通信大展，华为都会一个不落地参展。每年，华为都要参加 20 多个大型国际展览，每年在参展上的费用投入至少是一亿元。

有关华为参与国际展的资料数据显示，1999 年的埃及电信展、巴西电信展、莫斯科电信展……2000 年的南非电信展、突尼斯电信展……2001 年的美国电信展、墨西哥电信展、印度电信展……这些会展有一个规律，华为每拓展一个新市场，都会参与当地规模盛大的通信展。

李杰回忆道："1996—2000 年我们每年都要参加几十个国际顶级的展览会，一有机会就到国际舞台上展示自己。1995 年，我们初次到日内瓦去看国际电联 ITU 的展览会，1999 年华为开始参加 ITU 的展览会，到 2003 年华为参加 ITU 展览会的时候，租下的是一个占地 505 平方米的展台，成为当时场面最大的厂商展厅之一，给了西方电信运营商一个颇具震撼力的印象。"

2003 年年底，阿联酋高调宣布，其 3G 网络由华为独家承建。这样的信息表明华为在国际化战略中取得了又一个胜利，这是华为甚至是中国厂商在全球的第一个 WCDMA 3G 项目。

当然，华为能够拿下该项目，并不是以低价取胜，而是比当时报价最低的竞标者高出了一倍，面对华为"以客户为中心"的理念，阿联酋毫不犹豫地选择了华为作为合作者。

这一直是华为人引以为豪的一次合作。因此，王家定作为华为第一个被派到阿联酋的员工，开始与阿联酋实施该项目。

刚到阿联酋，王家定只知道客户阿联酋电信（Etisalat）是一个拥有世界级先进网络的运营商。该运营商与西方跨国企业合作多年，对华为的了解甚少。

由于华为人对于自己的技术信心不足，这就为华为实施该项目增加了难度。当时，华为的3G技术尚未完全成熟，同时与客户的关系基础相对较为薄弱。华为的几个项目负责人顶着巨大的压力，毅然在阿联酋布局实验局，并在最短的时间内完成了实验局的各种建设。

由于当时华为的3G技术还没完全成熟，而且没有商用的案例，因此该项目接二连三地出现问题。随后，华为多次与客户进行交流，但在客户对项目效果进行评估后，不幸的事情还是发生了，客户给了华为最低的分数——零分。

这就意味着华为付出的成本已不可能收回，只有继续争取以后的合作机会了。在面临巨大困难的情况下，华为人依然没有放弃跟客户进行积极交流，并通过沟通让客户相信华为人会全力以赴地解决问题。

尽管在技术方面华为暂时处于失利位置，但客户对华为的态度开始慢慢转变，由此认可了华为的合作诚意。

在最后时刻，华为终于找到了方法，并且反败为胜——2003年10月，两个展览同时开展：一个是日内瓦展；另一个是海湾信息技术展（Gulf Information Technology Exhibition，GITEX，始办于1980年）。

华为人考虑到市场对运营商业务的重要性，因此决定帮助客户参加展览会进行宣传。在华为看来，此时与客户加强联系，不但可以促进与客户之间的关系，而且会加快项目的决策进度。

在日内瓦展览开展前夕，几个华为的销售员为帮助客户搭建展台、调试设备，宁愿暂时牺牲自己的展台。该展会开得空前成功，客户对华为的做法非常满意。一个展会下来，华为人与客户之间的关系基本牢固，阿联酋电信对华为的服务意识感到非常满意。

自此，华为成了值得阿联酋电信信任，甚至依赖的一个品牌。在后来的投标中，华为能够取胜也就成了水到渠成的一件事情。

一个从拉美市场回国的市场部员工回忆道："很多时候，我们的困难不是如何推销我们的产品，而是我们根本见不到客户。而每个国家盛大的通信展在业内都是极受关注的，华为的展台和很多国际巨头连在一起，而且通常规模比它们更大、布置更细致，展出的也是我们最先进的技术和产品。很多人原本不了解华为，通过这些展览，他们首先会在视觉上有一种震撼效应，然后他们会关注华为的产品和技术。其实，这不仅是一个宣传的过程，也是一个品牌再塑的过程。"

在媒体采访华为时，媒体记者向广告展览部的肖惠玲提出参看部分海外展览图片，随后记者拿到了一张华为在中东举办会展时的图片，记者从该图片中可以清晰地感受到华为人洋溢的自豪感，那是真正由内而外散发出来的。这才是上海贝尔被华为击败的关键所在，或许也是上海贝尔找不到反击方法的原因。

第 8 章　跨越爱立信

经过多年的厉兵秣马，华为的“小步快跑”战略再次发挥了巨大的战略作用。2014 年 2 月，华为又超越了一个竞争对手——爱立信。

来自华为的官方数据显示，2013 年华为实现销售收入 2 390 亿元人民币（约 395 亿美元），而爱立信 2013 年的销售收入为 353 亿美元。

2014 年 2 月，爱立信 2013 年全年及第四季度财报数据显示：爱立信 2013 年净销售额为 2 274 亿瑞典克朗（约合 353 亿美元），与 2012 年持平；净利润为 122 亿瑞典克朗（约合 18.6 亿美元），同比增长 105%。

对比两份财报不难看出，曾经的霸主爱立信在 2014 年的春天被来自中国的华为公司弯道超车，只能黯然退位，这样的事实更加说明华为的不易和艰难。

华为的新纪元

在史诗般的传奇中，华为就是那匹黑马，尤其是华为荣登全球最大电信设备商宝座后，意味着一个中国新纪元的来临。

2014 年 3 月 31 日，华为公布了经审计的 2013 年年报。该年报显示，2013 年华为实现销售收入 2 390 亿元人民币（约 395 亿美元），同比增长 8.5%，净利润为 210 亿元人民币（约 34.7 亿美元），同比增长 34.4%。

我们回顾 2009—2013 年的华为财报可以发现，华为的销售收入一直在持续增加，见表 8－1。

表 8－1　　2009—2013 年华为财务概要

	2013 年	2012 年	2011 年	2010 年	2009 年
销售收入（百万元）	239 025	220 198	203 929	182 548	146 607
营业利润（百万元）	29 128	20 658	18 796	31 806	22 773
营业利润率（%）	12.2	9.4	9.2	17.4	15.5
净利润（百万元）	21 003	15 624	11 655	25 630	19 430
经营活动现金流（百万元）	22 554	24 969	17 826	31 555	24 188
现金与短期投资（百万元）	81 944	71 649	62 342	55 458	38 214
经营资本（百万元）	75 180	63 837	56 996	60 899	43 286
总资产（百万元）	244 091	223 348	193 849	178 984	148 968
总借款（百万元）	23 033	20 754	20 237	12 959	16 115
所有者权益（百万元）	86 266	75 024	66 228	69 400	52 741
资产负债率（%）	64.7	66.4	65.8	61.2	64.6

这样的态势不仅让华为超越了爱立信，还为未来击败思科打下了基础。我们对比华为、爱立信、思科、阿尔卡特-朗讯、诺基亚-西门子通信、中兴通讯六个企业 2013 年的销售收入后可以发现，华为 395 亿美元的销售收入仅次于跨国企业思科的 486 亿美元，见图 8－1。

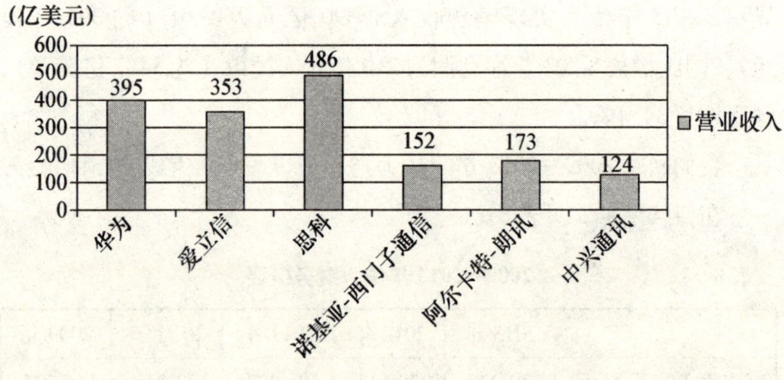

图 8-1　2013 年世界六大通信企业的销售收入

查阅华为、爱立信、思科、阿尔卡特-朗讯、诺基亚-西门子通信、中兴通讯六个企业的 2013 年年报后可以发现，华为在 2013 年取得的利润较高，其 34.7 亿美元的利润仅次于思科的 100 亿美元，见图 8-2。

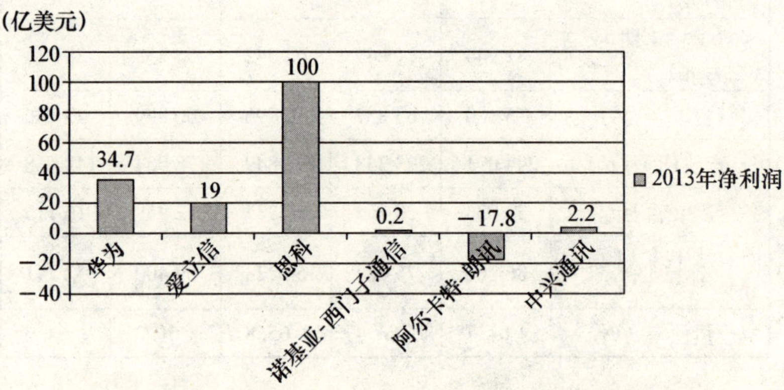

图 8-2　2013 年世界六大通信企业的利润

对比上述几组数据，华为不仅在销售收入上，而且在利润上已经名副其实地超越了爱立信，成为世界上赫赫有名的通信企业。自此，华为开启了属于自己的新纪元。

百年爱立信的“滑铁卢”

当华为弯道超越爱立信后，华为荣登全球最大电信设备商的新闻出现在世界各地的媒体头条上。尽管华为与爱立信、诺基亚-西门子通信、阿尔卡特-朗讯比肩，但爱立信这个老牌的跨国企业仍是一个强硬的对手。作为全球顶尖移动通信网络供应商之一的爱立信，在 2G/3G/4G 领域都拥有较为领先的技术，其产品服务覆盖超过 10 亿人口。

早在 2011 年前，爱立信的高层就曾预计：到 2020 年，全球将有 500 亿的连接，数字生活将扩展到其他领域，人类社会将成为一个“网络社会”。

基于此，爱立信由此拉开了自己从销售硬件设备服务向服务企业的转型。与此同时，华为也在为实现自己的雄心壮志而加速拓展自己的边界，并且制定了超越爱立信的时间表。

2012 年，华为的营业收入为 2 202 亿元人民币（约合 353. 6 亿美元），净利润为 154 亿人民币（约合 24. 69 亿美元）。当时，爱立信的营业收入为 2 278 亿瑞典克朗（约合 358 亿美元）。

从这组数据来看，爱立信 358 亿美元营业收入的规模，与华为 353. 6 亿美元的营业收入相比，仅差几亿美元。按照华为稳步发展的战略来看，华为超越爱立信没有任何悬念。

经过一小段的突击后，华为得偿所愿。没过多久，华为进一步加大了其在行业中的领先优势，甚至排在第五名的中兴通讯与排名第二、第三、第四的欧洲三强之间的差距也在逐步缩小。

华为、爱立信、阿尔卡特-朗讯、诺基亚-西门子通信、中兴通讯发布的年报显示，2014 年度业务总收入增长率华为最高，为

20.6%，而爱立信、阿尔卡特-朗讯、诺基亚-西门子通信、中兴通讯分别为0.3%、-4.6%、0.2%、8.3%，见图8-3。

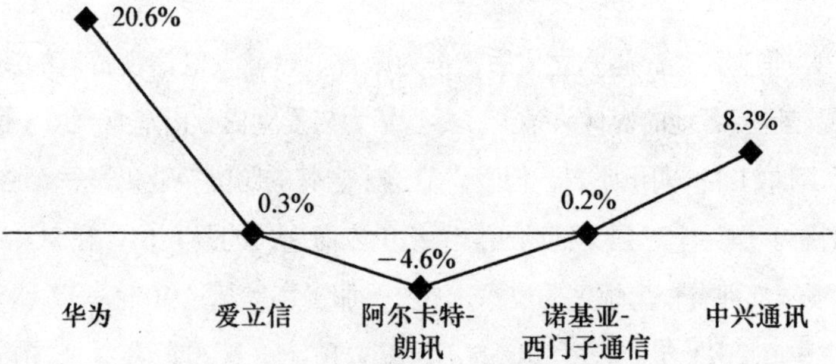

图8-3　2014年度业务总收入增长率

在华为、爱立信、阿尔卡特-朗讯、诺基亚-西门子通信、中兴通讯的业务架构中，与运营商业务相关的网络设备和服务领域的竞争最激烈，华为与中兴通讯在手机终端业务上存在直接竞争，见表8-2。

表8-2　2014年运营商业务收入排名对比

华为		爱立信		阿尔卡特-朗讯		诺基亚-西门子通信		中兴通讯	
运营商业务	66%	网络/全球服务/支持解决方案	100%	核心网络	99.6%	核心网络	88%	运营商网络/电信软件系统、服务及其他	72%
消费者业务	26%					Here	8%	手机终端	28%
其他	1%	调制解调器		其他	0.40%	技术	4%		
企业业务	7%								

华为、爱立信、阿尔卡特-朗讯、中兴通讯发布的数据显示，2014年华为运营商业务首次超过爱立信，真正实现了对爱立信的超

越，见图 8 -4。

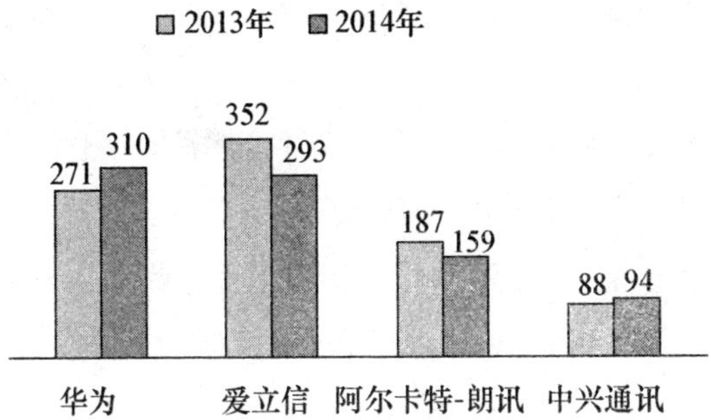

图 8 -4　华为、爱立信、阿尔卡特-朗讯、中兴通讯运营商业务收入排行（亿美元）

在 2013 年、2014 年的运营商业务收入方面，华为以 16.4% 的增长率拔得头筹，见图 8 -5。

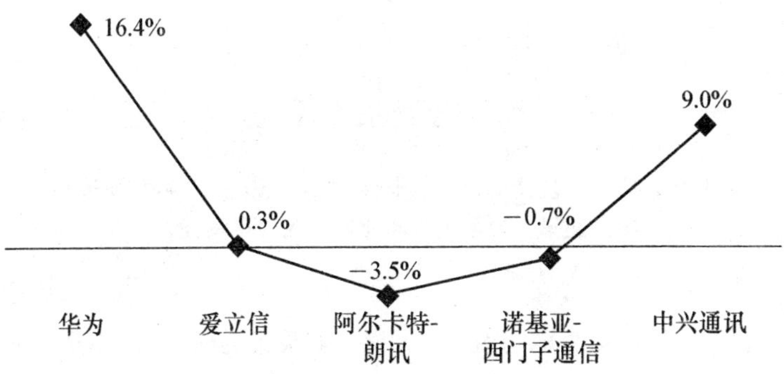

图 8 -5　华为、爱立信、阿尔卡特-朗讯、诺基亚-西门子通信、中兴通讯运营商业务增长率

众所周知，华为、爱立信、阿尔卡特-朗讯、诺基亚-西门子通信、中兴通讯都把运营商业务视为企业收入的命脉。尽管 2014 年华为在运营商业务收入方面首次超越爱立信，但华为仍有一段艰难的路要走。2014 年年初，时任华为轮值首席执行官的徐直军在 2014 年全球分析师大会上清醒地说道："外界评说华为超越爱立信成为第一，我们内部不认可这句话。苹果和萝卜不能一起比，在运营商业务上爱立信仍是老大。"

华为之所以能够保持16.4%的业务年度增长率，是因为在很大程度上受益于中国移动的TD－LTE网络建设，其收入同比增长达到22%。

在收入规模上，华为在中国的运营商业务收入达到117亿美元，超过爱立信、阿尔卡特-朗讯、诺基亚-西门子通信、中兴通讯四家的总和——98亿美元，见图8－6。

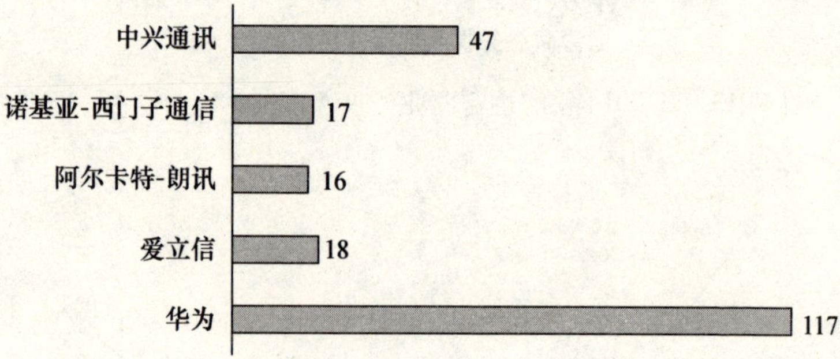

图8－6　华为、爱立信、阿尔卡特-朗讯、诺基亚-西门子通信、中兴通讯中国区运营商业务收入（亿美元）

不仅如此，尽管爱立信、诺基亚、阿尔卡特-朗讯当初的优势非常明显，但其占优势地位的日、韩以及北美市场的4G网络建设已经不再是高峰期，所以其增长自然渐趋平稳，而这样的条件为华为超越爱立信创造了难得的机遇，也为华为的营业利润增长提供了条件。

2015年4月，华为公布的财报显示，华为的营业收入为465亿美元。这样的业绩已经把跨国巨头爱立信抛在后面。2016年4月，华为公布的财报显示，华为的营业收入为3 950亿元人民币（608亿美元）。2017年，华为以6 036.21亿元的销售收入再次将爱立信甩在后面。

第三部分

轻舟万重山

我们用了二十五年的时间建起一个优质的平台，拥有一定的资源，这些优质资源是多少高级干部及专家浪费了多少钱才积累起来的，它们是宝贵的财富。过去所有失败的项目、淘汰的产品，其实就是浪费（当然浪费的钱也是大家挣来的），但没有浪费，就没有大家今天坐到这儿。我们珍惜这些失败积累起来的成功，如果不故步自封，敢于打破自己既得的坛坛罐罐，敢于去拥抱新事物，华为不一定会落后。当发现一个战略机会点，我们可以千军万马压上去，进行后发式追赶。你们要敢于用投资的方式，而不只是以人力的方式把资源堆上去，这就是与小公司创新不一样的地方。人是最宝贵的因素，不保守、勇于打破目前既得优势、开放式追赶时代潮流的华为人，是我们最宝贵的基础，我们就有可能追上“特斯拉”。

——华为创始人　任正非

第 9 章　碾压思科

在全球电信市场上曾有不可跨越的两座大山——爱立信和思科。或许这两个企业的 CEO 也没想到，两个巨头曾经的霸主地位被同一个中国企业终结。

2017 年 6 月，国外权威机构 DellOro 的研究报告显示：2017 年第一季度，在服务供应商路由器和电信级以太网交换机市场中，来自中国的华为首次超越长期霸占核心路由器市场全球首位的思科，登顶核心路由器这个关键市场的全球头名宝座，让思科前 CEO 约翰·钱伯斯（John Chambers）的担心终于成为现实。

众所周知，核心路由器作为移动通信中一个较为重要的领域，其利润异常丰厚。由于核心路由器的技术壁垒极高，现在只有几个通信巨头掌握该技术。

作为“领头羊”的思科曾占据全球核心路由器市场份额的 80%，无论是路由器、交换机还是其他网络设备，相关市场几乎都被思科垄断。在巅峰时期，思科的市值一度超过 5 000 亿美元，成为美国最耀眼的科技公司，甚至把如日中天的微软都踩在脚下。然而，当华为开始发力核心路由器后，此举立即引起了约翰·钱伯斯的高度重视，称其为“非常值得敬佩的对手”。

思科的挑衅

多年前，为了打击华为的发展速度，思科不惜以“知识产权”的名义悍然发动了剿灭华为的第一场“入侵”战争。让约翰·钱伯斯没有想到的是，此次战役不仅没有把华为剿灭，反而帮助华为启动了全球化战略按钮。

然而，在国际化战略上势如破竹的华为，却因在美国遭遇不公正对待而惨遭“滑铁卢”——美国国会以莫须有的罪名一次次地把华为狙击在美国市场的门槛之外。

众所周知，让美国国会狙杀华为的幕后推手和这场战争的受益者就是一直想置华为于死地的思科。连全球顶级企业都把华为作为威胁，这样的事实足以说明，现在的华为已不是襁褓中弱不禁风的初创企业，而是令世界500强企业胆寒的对手。

为了打击华为在美国市场的扩张，思科不惜游说美国国会以国家安全为由直接把华为狙击在美国市场之外。

2012年10月11日，美国《华盛顿邮报》(*The Washington Post*)以《华为的美国竞争对手参与推动对其审查》为新闻标题报道了此次事件：一位熟悉思科销售战略的匿名人士透露，2011年9月思科曾在业界广泛散发名为《华为和国家安全》的7页文件，文中称“对华为的恐惧正在全球散播，华为难以脱离其同中国人民解放军和中国政府的关系，尽管其公开否认”。思科还鼓动美企不要与华为合作。

当然，思科不惜一切手段把华为驱赶出美国市场，原因就是华为的扩张威胁到了思科的企业利益。公开数据显示，截至2012年7

月底，思科的年收入为460.6亿美元，毛利为287.1亿美元（毛利率为62.33%），纯利为80.4亿美元（利润率为17.46%）。

与同时期的华为相比，华为的利润率仅为9.1%，与思科的17.4%相差甚远。尽管如此，让思科惧怕的是，在思科的总收入中，美国市场的贡献率竟然高达60%，一旦思科失守美国市场的垄断性地位，无疑将对思科的高额利润产生巨大的冲击，不仅会导致思科的利润大幅下滑，同时也将使其面临一个灾难性后果。

基于此，思科就不得不以自己惯用的竞争手段——不惜以重金游说美国国会打压华为，其目的是构筑市场壁垒，更好地保卫自己在美国市场上的垄断地位。美国政治捐献数据库的数据统计显示，思科从1998年就开始游说国会，15年来累计金额高达1 572.52万美元。仅2010年第四季度，思科花在美国国会上的游说费用就高达35万美元。①

约翰·钱伯斯的逻辑

约翰·钱伯斯之所以把华为视为敌对竞争对手，是因为自身的战略判断。约翰·钱伯斯曾理性分析过，在25年前的“财富500强”企业中，仍持续在榜的只有24%，不足四分之一。

按照约翰·钱伯斯的逻辑，当经过25年的洗礼，科技产业的高速发展将成为当下市场主体的“杀手”，甚至为地球上每一家企业带来一场“大屠杀”。

① 魏艳. 思科参与推动审查“华为事件”背后抹黑价值观失守，2018. http://news.xinhuanet.com/fortune/2012-10/25/c_123868801.htm.

约翰·钱伯斯得出此结论的依据是："你将会看到IT市场进行一场残酷、无情的整合，在前五大IT厂商中，将只有2家或3家IT厂商能够继续保持5年前的发展速度。我们知道，我们必须学会改变。"

需要指出的是，思科、IBM、惠普、微软和甲骨文是约翰·钱伯斯所指的五大厂商。虽然约翰·钱伯斯并未指出这五大IT厂商中的哪一家IT厂商将被市场边缘化，但约翰·钱伯斯却以惠普和IBM为例来说明这场"屠杀"的残酷性。约翰·钱伯斯举例说："在前五大IT厂商中，惠普和IBM在过去两年半的时间内遭遇了灾难性打击，营收并未出现增长。"

约翰·钱伯斯以惠普和IBM举例，是根据全球前五大IT厂商在过去几年中的营业收入增长率情况，思科和微软的表现相对强劲，而IBM和惠普的营业收入却颇为糟糕，见表9-1。

表9-1　2011—2014年思科、IBM、惠普、微软和甲骨文的营业收入增长率（%）

年份	季度	思科	惠普	IBM	甲骨文	微软
2011	第一季度	19	8	3	47	25
	第二季度	6	4	7	36	15
	第三季度	5	3	8	12	13
	第四季度	3	2	12	11	8
2012	第一季度	5	-4	8	2	7
	第二季度	11	-7	2	3	5
	第三季度	7	-3	0	1	6
	第四季度	4	-5	-3	-2	4
2013	第一季度	6	-7	-5	3	0
	第二季度	5	-6	-1	-1	3
	第三季度	5	-13	-5	0	8
	第四季度	6	-8	-3	2	3

续前表

年份	季度	思科	惠普	I BM	甲骨文	微软
2014	第一季度	2	3	-4	2	7
	第二季度	-8	1	-6	4	14
	第三季度	-6	A/N	-4	A/N	8

资料来源：谭燃．思科钱伯斯：科技产业迈入大屠杀时代．腾讯科技，2014-05-21.

约翰·钱伯斯认为，经过前几年的竞争，思科最初的竞争对手大多已被市场淘汰。当时间到了2018年，思科当前的竞争对手也就所剩无几了。约翰·钱伯斯把竞争对手分为几个阶段，见表9-2。

表9-2　　1990-2018年思科的竞争对手

1990—1995年	1996—2000年	2001—2007年	2008年至今	2018年
WellFleet	Bay Networks	爱立信	Juniper	思科
Acc	Ascend	Siements	微软	IBM
Synoptics	3Com	NEC	CheckPoint	惠普
3Com	Newbidge	Foundry	Ruckus	英特尔
Protoon	Foro	Noetel	Palo Alto Networks	戴尔
Dec	Xylan	Lucent	Avaya	SAP
Cabletron	Alcatel	Rivcstano	Aruba	微软
		Redback	F5	甲骨文
		Juniper	ShoreTel	其他
		Extrema	Riverbed	
			华为	
			Arista	
			Fortnet	
			Polycom	
			Brocade	
			惠普	

资料来源：谭燃．思科钱伯斯：科技产业迈入大屠杀时代．腾讯科技，2014-05-21.

在约翰·钱伯斯看来，2018 年将被市场淘汰的思科当前竞争对手如下：Juniper、CheckPoint、Ruckus、Palo Alto Networks、Avaya、Aruba、F5、ShoreTel、Riverbed、华为、Arista、Fortnet、Polycom 和 Brocade。

按照约翰·钱伯斯的预想，2018 年思科的主要竞争对手将剩下 IBM、惠普、英特尔、戴尔、SAP 和微软等。

当美国《华尔街日报》记者向时任思科 CEO 的约翰·钱伯斯提出“在所有的公司中，哪一家让你最担心?”这个问题时，约翰·钱伯斯毫不迟疑地回答：“这个问题很简单，25 年以前我就知道，我们最强劲的竞争对手将会来自中国，现在来说，那就是华为。”

当我们整理约翰·钱伯斯对华为的看法时发现，此次并不是约翰·钱伯斯第一次在公开场合高调评价华为。

可能读者不了解约翰·钱伯斯，《IT 时代周刊》是这样评价约翰·钱伯斯的：“20 多年来，在思科董事会主席兼首席执行官约翰·钱伯斯的带领下，弱小的思科逐渐成长为硅谷以及全球最耀眼的明星。21 世纪初，思科曾摘取 5 000 亿美元全球市值最高公司的桂冠。”

如果按照不同的产品线划分，思科的竞争对手多如牛毛，但真正对思科产生威胁并让约翰·钱伯斯忌惮的就凤毛麟角了。

在 2011 年的思科分析师大会上，作为 CEO 的约翰·钱伯斯就逐个点评了思科的竞争对手。在过去 16 年中，Juniper 一直是思科重要的对手之一，其步步紧逼的态势让思科有点喘不过气来。然而，钱伯斯却认为，Juniper 并不是思科的主要竞争对手。

当思科在 2008 年推出服务器后，其重要合作伙伴——惠普也参与了服务器竞争。惠普的加入无疑使得它们从同一阵营中决裂，特别是惠普收购 H3C 后，思科与惠普的关系已经势同水火。

在约翰·钱伯斯看来，一直在服务器领域扩张的 IBM，似乎并没有引起他的太多在意。约翰·钱伯斯认为，惠普与思科在战略和市场上更为接近。在这样的背景下，约翰·钱伯斯把思科的战略放在全球范围，其目的就是击溃惠普。

在所有竞争者中，华为似乎比前两大劲敌更能赢得约翰·钱伯斯的赞誉，华为被约翰·钱伯斯称为最强劲的对手。约翰·钱伯斯表示，思科将在本土及全球市场上与华为全面开战。

在约翰·钱伯斯看来，华为无疑是一个最强劲的对手，从约翰·钱伯斯嘴里说出这样的话实在让人惊讶万分。如果将华为列为最大竞争对手的是爱立信，那么一切看起来都顺理成章，但将华为视为“眼中钉”的却是思科。①

在通信行业这个“丛林”中，华为得到了世界 500 强企业思科前 CEO 约翰·钱伯斯的高度关注，令思科恐惧的，还是华为非常出色的业绩和特立独行的研发思路。

短兵相接

当思科在高速跑道上行进时，来自中国的华为异军突起。尽管华为与思科的创建时间大致相当，但它可以在成立后短短三十多年时间就在世界舞台上有所作为，华为的崛起不仅傲视群雄，甚至所

---

① 马晓芳. 华为战思科即将上演：双方技术差距明显缩小. 第一财经日报，2012-04-12.

向披靡，令竞争者胆战心惊。

在世界范围内，特别是在那些发达国家中，由于地缘政治的原因，思科已被称为该行业的垄断者。殊不知，华为创建的时间仅比思科晚四年，即使从华为正式涉足通信设备制造领域的1992年左右算起，也只晚八年而已。不过，接管了思科帅印的老牌CEO约翰·钱伯斯自然不愿意让竞争者华为能够追赶自己。

自1995年以来，约翰·钱伯斯已成功地将思科的销售收入从当年的12亿美元增长到2014年的471亿美元。华为的销售收入从2004年的313亿元人民币增长到2014年的460亿美元，足以证明华为的迅速发展。

在这样的高速发展背后，华为于20世纪90年代中期开始涉足通信设备、自行研发通信设备时，借鉴、参考甚至模仿思科也就在所难免，其痕迹自然存在。然而，华为通过不断的摸索与引进，在产品技术、服务质量和企业管理上都有了长足的发展。华为不仅占据了中国通信市场大片广袤的领土，其产品还在亚、非等国家赢得了不错的反响，而且每年获得的专利数都突破了1 000件。在2015年年初，华为首次闯入了2014年度美国专利授权TOP 50，由2013年的第51位升至第48位。

公开资料显示，2014年美国专利局共授权专利326 182件，较2013年增长了7.4%。遗憾的是，美国历年发布的专利授权TOP 50榜上却鲜有中国企业入榜。2013年，来自中国台湾地区的鸿海、台积电以及鸿海位于深圳的子公司——深圳鸿富锦精密三家企业上榜，而华为公司排名第51位。2014年，华为以755件发明专利成功上榜2014年度美国专利授权前50位，排名第48位。不仅如此，在中国，2014年华为的发明专利授权量位居第一，已经完全达到世界一流水平，被业内冠以“中国的思科”称号。

华为这样的发展势头自然是约翰·钱伯斯不愿意看见的。经过多年的发展，思科惊奇地发现：思科的大本营美国竟然开始销售华为品牌的中国通信器材了。尽管华为在美国拓展业务，不过是其全球化业务耕耘后的成果而已，但这样的成果是思科永远也不会接受的，甚至还觉得这是一种屈辱。

经过进一步了解，思科发现：华为在技术管理和研发方面已不是当初的“毛头小子”了——也不像最初被思科牵着鼻子走，而是依据不同的合作者发布相应的解决方案来影响用户，这样的改变简直不可同日而语，作为思科的老牌 CEO，约翰·钱伯斯越来越清楚地意识到华为这个中国企业带给思科的巨大威胁。

因此，早在十多年前，思科就已经开始打压华为的生存空间。2003 年 1 月，思科开始向华为发起第一轮进攻，在美国正式对华为提起几乎涵盖了互联网技术知识产权法所有方面的诉讼，其起诉的理由是诸如盗用以太网的套片技术、路由器硬件技术、路由器软件技术等。

这种做法在业内很常见。早在 1998 年，当时占据市场绝对份额的朗讯为了打压思科，就以此理由起诉思科侵犯其知识产权，其间多家企业控告思科盗用其知识产权。然而，仅仅过了五年，尽管思科已成为行业霸主，但它依旧沿用竞争对手打压思科的方法来打压华为。思科这么做的目的就是企图将华为阻拦在自己好不容易筑起的通信壁垒之外，维持思科自身的既得利益和市场地位。

思科在这场知识产权的官司中，最担心的政府干涉问题没有发生。当思科诉讼华为几个月后，与华为结盟的美国另一家路由器生产厂商——3COM用自己的信誉为华为作证，使得华为在美国本土艰难地生存了下来。正是因为有了3COM的信誉作证，这场耗时一年半之久、吸引无数研究者关注的跨国知识产权纠纷以庭外和解的方式悄然落幕。

事实上，思科与以华为为首的中国本土企业短兵相接，源于思科在国际化的征途中受阻，特别是在中国市场上。由于近年来中国政府采取节省资金和按实际需求进行设备采购的采购原则，使得像思科这样的跨国企业渐渐失去了较大的市场份额。

为了争夺这部分失去的市场，思科与华为展开了一场近乎残酷的肉搏。由于华为在国际化中把产品销售到了思科的主场，为了阻击华为的发展，思科不得不寻求在知识产权方面找到突破点。

事实证明，国外跨国公司为了打压中国本土企业，经常采用诉讼的手段来恫吓中国企业的经营者。

2007年，北京奥运会的前一年，世界都把目光聚焦在东方这个拥有5 000年灿烂悠久历史的中国，好奇、质疑等好坏参半的信息充斥在世界各地的报道中。

然而，一个普通的商业纠纷却犹如一声惊雷打破了祥和而宁静的千年古城杭州的寂静。2007年夏天，一场并购与反并购的大戏徐徐拉开序幕，时任法国达能集团董事长的弗兰克·里布与娃哈哈董事长宗庆后公开对决。

公开资料显示，娃哈哈与达能从合作到反目只有十年时间。当初娃哈哈与达能联姻曾使不少企业家为之欢欣鼓舞，期待着一桩技术换市场、利润换管理的跨国婚姻能够带给中国饮料行业以新的生机。但是十年过去之后，两个曾经彼此寄予厚望的合作伙伴却反目成仇，一方以法律诉讼为矛，另一方[1]同样拿起法律的武器，给中国企业界开了一个好头。法律不是跨国公司的，必须建立在事实的基础之上。

2007年4月3日，《经济参考报》刊发了一篇名为《宗庆后后悔了》的文章，其后引起企业家、研究者、媒体的广泛关注。

这篇副标题为“合资之初达能于‘不经意’中设套，十年之后娃哈哈遭遇强行并购”的文章介绍，娃哈哈的创办者及掌门人宗庆后最近遭遇了一件忧心的事：法国达能公司欲强行以40亿元人民币的低价并购杭州娃哈哈集团有限公司总资产达56亿元、2006年利润达10.4亿元的其他非合资公司51%的股权。[2]

面对达能的强行并购，宗庆后为此忧心忡忡。究其原因，一旦达能强行并购成功，中方将丧失对娃哈哈的绝对控股权。宗庆后在这场十多年的“娃哈哈保卫战”中一直执着坚持的中方主动权将化为泡影，这无疑是一次冒险的对决。

当达能和娃哈哈的战略相左时，达能不顾娃哈哈合资公司的利益，并购了当时娃哈哈最大的竞争对手乐百氏92%的股权。危机意识较强的宗庆后意识到，与达能的合作不仅不能产生积极的意义，甚至还有可能限制娃哈哈的发展。

当达能不支持西进战略后，1999年宗庆后和中方决策班子商量决定，由职工集资成立的公司出面，建立一批与达能没有合资关系的公司。[3] 在这样的背景下，娃哈哈非合资公司开启了一个全新的时代，这些公司不仅肩负西进战略，而且响应国家号召，支援西部建

---

① 林景新．娃哈哈：错位博弈．中国经济信息，2007（11）．

②③ 张乐，裘立华，王小波．宗庆后后悔了．经济参考报，2007-04-03．

设和革命老区及三峡库区建设等。

在西进战略中，娃哈哈非合资公司取得了不错的业绩。娃哈哈决定自己投资西进，在其后的几年中，娃哈哈集团的战略布局已经成熟，不仅在西部地区、革命老区和三峡库区等地布局，同时还投资了多个相关产业公司。2006 年，这些相关产业公司的总资产达到了 56 亿元，当年利润为 10.4 亿元。

公开资料显示，这些相关产业公司之所以没有注入娃哈哈合资公司，是因为达能和娃哈哈双方在战略发展上产生了分歧。

这就是 2008 年达能以商标使用合同中娃哈哈集团“不应许可除娃哈哈达能合资公司外的任何其他方使用商标”为由，要求强行收购这几家公司的导火索。

在达能看来，它绝对不能容忍的是，2006 年娃哈哈合资公司的销售额高达 200 亿元，利润只有 20 亿元，而非合资公司的总资产才 56 亿元，销售规模也小得多，但利润高达 10.4 亿元。

早就不怀好意的达能绝对不会放过这次难得的机会，达能开始了自己的一系列诉讼战。当然，在巨大的商业利润面前，再海誓山盟的契约也是不堪一击的，达能与娃哈哈从合作走向决裂，似乎在多年前就已埋下了种子。即使没有这样的事件，也会有其他的事件。

在这起事件背后，达能真正的目的还是觊觎娃哈哈非合资公司良好的业绩。因此，达能以商标使用合同中娃哈哈集团“不应许可除娃哈哈达能合资公司外的任何其他方使用商标”为由，要求强行收购这几家由娃哈哈职工集资成立的、与达能没有合资关系的公司。达能的做法让宗庆后火冒三丈，这也是宗庆后不能接受的。

据宗庆后介绍，这些年来，娃哈哈为了履行合约，就连不是与达能合资的公司生产的产品也是通过双方合资的销售公司进行销售的，这已经为达能赚取了巨额利润，现在达能又要以低价并购其他公司，完全没有道理。此外，娃哈哈集团公司与达能公司都是合资公司的股东，一方股东限制另一方股东的发展亦有失公允。①

不仅如此，“达能公司一直压低在娃哈哈的投资额，而且不愿考虑员工的工资、福利”。宗庆后细算了一笔账：10 年来，达能在娃哈哈仅投资了 1.7 亿美元，连买设备建厂房的钱都不够，至今缺口尚达 16.04 亿元人民币，全靠娃哈哈的资金在周转，而这 10 年来达能已获分红 3.8 亿美元，折合 31.39 亿元人民币，而且合资公司的资产增值了 51%。②

如前所述，很多中长期投资方案都遭到达能的反对。宗庆后对于达能的功利做法表示强烈的不满。同时，近 10 年的接触也使其对达能的管理能力和实际目的产生了担忧。宗庆后说：“我们当初的许多投资决定，都曾遭到达能的抵制和反对，并拒绝投资。但在娃哈哈将企业办好了、产生经济效益之后，达能却要强行投入。对于一些暂时还产生不出效益的，达能已投入的亦要求退出。”

当然，宗庆后解释了自己为什么要组建娃哈哈非合资公司，因为达能公司在中国除收购了娃哈哈的 39 家企业之外，还收购了娃哈哈当时最大的竞争对手广东乐百氏饮料公司 98% 的股权。③ 让宗庆后忧虑的是，“但它接管后，乐百氏就一直亏损，这让我不由为‘娃

①②③ 张乐，裘立华，王小波. 宗庆后后悔了. 经济参考报，2007-04-03.

哈哈’的品牌担忧”。

尽管宗庆后赢得了诉讼，但面对来势汹汹的达能，回想达能与娃哈哈的十年合作之路，宗庆后无疑对“没有永远的朋友，也没有永远的敌人，只有永远的利益”这句名言有了更深刻的理解。

不过，让达能没有想到的是，通常以诉讼营销为胁迫的跨国公司做法却让达能满盘皆输，既输了官司，还输了品牌信誉度。

不论是思科还是达能，为了剿灭竞争对手，经常以诉讼为大棒，企图在恫吓或者谈判中打压中国企业。众所周知，跨国企业之间的诉讼战争，特别是以知识产权为核心的诉讼，已成为跨国企业之间打压对手的一个重要举措。这使得越来越多的跨国企业开始重视知识产权的管理。

在欧美等发达国家，像思科这样的大型企业为了设置行业壁垒，在知识产权的管理和保护方面历来都较为重视。1994 年，当思科的收入达到 10 多亿美元时，思科就开启了自己的“专利池”计划，其目的是构建强大的专利群，打击行业竞争者。

公开资料显示，截至 2003 年，仅在美国一个国家，思科已成功申请到专利的产品数量竟然达到了 1 000 多个，另外还有 2 700 多个产品正在接受美国专利办公室的评审。在思科这样的专利战略中，专利是可以保护思科进行创新的，同时也是可以阻击行业竞争者的。不仅如此，思科还可以通过研发新产品并为其申请专利，从而拥有更多的核心竞争力，并将这些新技术转变为增值产品后提供给思科的客户。

为了迎击思科的入侵，华为也有自己的一套知识管理体系，可以说华为对知识产权的重视程度丝毫不亚于思科。华为从创立北京研究所起，就致力于自主知识产权的研发，随着自身实力的增强，华为在世界各地已建立了六家研究所，仅海外的市场研发人员就超过 2 000 人；仅 2005 年一年，华为开发的专利就超过了 3 000 件，甚至走到了思科的前面。这也是思科大张旗鼓地对华为进行法律诉讼的诱因之一。[①]

① 钱少奇. 国际化发展战略浅析，2017. http://www.doc88.com/p-4793930298-303.html.

第10章　丛林法则

在开疆拓土的步伐中，“狼性文化”曾经支撑华为赢得了一个又一个胜利，有研究者甚至将此阶段称为“土狼时代”。何谓“土狼时代”？它是指华为在中国与国际跨国企业进行竞争的时段。

在后来的很多场合，任正非是这样介绍“土狼时代”的华为精神的。任正非说：“发展中的企业犹如一只狼。狼有三大特性：一是敏锐的嗅觉；二是不屈不挠、奋不顾身的进攻精神；三是群体奋斗的意识。企业要扩张，必须具备狼的这三个特性。”

可以说，任正非经典地概括了华为在进攻中的状态。当时，任正非宏大的理想与煽动性的语录口号、运动式的内部交流方式，成为艰难环境中华为这个“土狼群体”拓展生存空间的最有效方式。①

事实证明，在“土狼时代”，华为的进攻势如破竹，从而掀开了华为迈上新高度的扩张时代。1996年2月，华为召开的集体辞职大会，成为华为“土狼时代”的杰出代表作。这样的历史记录了华为狼性竞争的残酷和向上拼搏的精神。为了生存，只有不屈不挠、勇于进攻，才能使华为迎来跨越式发展。

---

① 任鸽．任正非：缔造狼性华为．中国企业报，2011-07-26.

“企业发展就是要发展一批狼”

在华为的企业文化中，“狼性文化”是华为与对手较量过程中赢得胜利的关键。任正非曾说过：“企业发展就是要发展一批狼。”

虽然华为被看作中国民营企业“狼性文化”的缔造者，但在华为内部却非常反感“狼性文化”这个词。前《IT 时代周刊》助理总编辑徐上峰在与华为管理层和品牌部人士接触的过程中发现，他们不喜欢“狼性文化”这几个字眼，华为品牌部人士甚至一再叮嘱徐上峰，不要在文章中出现“狼性文化”这样的词汇，否则会让他很被动。

在华为看来，企业的生存和发展需要“狼性”，但“狼性文化”却有其负面含义。主要原因是，外界把华为推崇的“床垫文化”与“狼性文化”混为一谈，导致华为早期的“负面新闻”过多。例如，华为曾有年轻员工自杀或猝死，这些危机事件都被媒体放大，甚至过度解读，错误地将其与华为的“狼性文化”联系起来。

媒体的理由是，华为残酷的加班制度无疑让员工承受了难以想象的精神压力，加上华为没有及时与员工进行有效的沟通与疏导，使得员工最终走上了极端。徐上峰曾撰文写道：“五六年前，华为品牌部的工作很难做。一位品牌部人士曾告诉我，他在华为的日子诚惶诚恐，最怕周末出现意外，公司一个电话，必定寝食难安。”

尽管如此，但“狼性文化”始终贯彻于华为生存和成长的全过程中。在初创阶段，华为作为后来者，可谓是生不逢时，其强悍的对手——爱立信、诺基亚、西门子、阿尔卡特、朗讯、北电等百年企业，不论是资金实力，还是技术实力，个个都是强劲的对手，弱小的华为只能望其项背。

为了生存和发展下去，华为在争夺市场份额方面，往往是不惜一切代价也要达成目标，即使在与同城对手中兴通讯的竞争中，华为甚至是亏本也要拿下项目。徐上峰写道：“那时候，凡是有华为的地方，一定会是‘血雨腥风’。华为这头‘土狼’处处树敌，在国内外都不受待见，因此华为早期进军欧洲时曾被抵制。”

如今的华为早已告别生涩的草莽阶段，不仅内部管理更为规范，而且不再是“青纱帐里出来的土八路”，而是作为一个技术驱动型企业傲立于世界科技企业之林。基于此，华为的价值主张也就悄然发生了变化，开始重视产业链的构建以及与合作者分享。任正非曾对负责企业业务的管理层说道：“华为要学会与人合作，学会与人分享，不要破坏行业价值。”

尽管如此，华为人身上的“狼性”并没有因此退化，其“狼性文化”的血液依然在华为人的躯体里静静流淌，只不过华为人在竞争手段上发生了些许变化，不再像早期那样不惜一切代价，而是通过委婉曲折的手段达成。华为内部倡导：“凡是华为认定的目标，均会不惜一切代价去达成。”从华为多位高管的讲话中不难看出，这一点至今未变。

“狼群文化”更易存活

三十多年来，华为在市场拓展中取得的骄人业绩是值得中国企业学习和借鉴的，这样的路径可以说在中国企业史上是一个较为独特的案例。当然，华为之所以能把一个巨大而高素质的团队团结起来，同时充满工作激情，是因为华为有“狼性”的团队精神。

一些研究者撰文称，互助是华为团队精神的核心，这就是华为崇尚狼的关键所在。因为狼拥有三种特性：第一，有良好的嗅觉；第二，反应敏捷；第三，发现猎物后集体攻击。从这三个特性可以看出，华为人把狼作为学习的榜样，向狼学习“狼性”，主要还是为了更好地激活“狼性文化”。在企业永不停息的边界扩张中，这样的文化是永远不会过时的，因为在市场的拓展中，只有团队才能击败独兽，哪怕世界上最大的企业思科也是如此。

当我每次在培训课上问学员们对华为的第一印象时，他们总会情不自禁地把华为与狼联系在一起，甚至认为华为是“狼性文化”的代名词。

前些年，电影《狼图腾》再次把狼引入了观众的视野中。然而，尽管狼在影视作品中被屡屡向观众展示，却没有被完整地介绍过。之所以狼被很多影视界人士所看好，是因为狼有极强的生存能力和求生精神。

我们翻阅资料后发现，在 200 万年前的地球上，有 3 种最迅猛的食物链顶级杀手，如果按照杀戮威力从大到小排列，它们分别是泰坦鸟、剑齿虎和狼。

在自然界，优胜劣汰的丛林法则让所有动植物不得不按照此规则进行进化。然而，在经过 200 万年的时光历程后，泰坦鸟、剑齿虎已被自然界淘汰了，只剩下杀戮威力最小的狼。读者可能好奇的是，泰坦鸟在进化过程中拥有巨大的体型、耐力持久、奔跑迅速、攻击迅猛，为什么却在数十万年间大杀四方后灭绝了？

尽管泰坦鸟和剑齿虎都比狼的威力大得多，主要体现在体型大、迅猛等方面，但泰坦鸟和剑齿虎都缺乏社会体系，往往是独居。但在狩猎时，其最大的弊端就凸显了出来：首先，无法有效地在外出捕食时保护幼小甚至未孵化（泰坦鸟）的后代；其次，尽管泰坦鸟和剑齿虎杀戮猎物的能力较强，但由于消化和进食速度，它们能否守住捕获的猎物就是一个必须面对的问题。在非洲大草原上，狮子捕获的猎物被鬣狗抢走的事情屡有发生。

个头较小的狼往往擅长团队作战，这样可以更有效地保护后代不受其他捕食者的侵扰，同时狼的捕猎行动非常专业，它们善于合作攻击对手的弱点，甚至咬断猎物的大腿跟腱，使其瘫痪。尽管这样做的风险较高，但狼群却无所顾忌。即使是一头鹿，狼群也能在20分钟内将其吃光，不会留给其他伺机掠夺者任何机会。

因此，狼在团队的合作狩猎中战胜了泰坦鸟和剑齿虎，在其他顶级杀手都消亡后，狼因为自己的卓越进化而生存了下来，并一度成为食物链的顶级霸主，直到人类出现。为此，有管理专家认为：在自然界的团队建设方面，狼可能比人更有团队精神。狼群在捕猎时通常不会单独行动，往往都有严密的组织行为，同时还会根据所在地的地形和气候条件合理安排行动计划。

在商业世界里，团队精神较强的企业往往能赢得竞争的胜利。华为在拓展国际市场时也不例外，由于时刻强调团队精神，时刻强调华为的整体性，因而被业界誉为华为的“狼性文化”。

关于团队的力量，任正非在内部讲话时强调：“一个人不管如何努力，永远也赶不上时代的步伐。只有组织起数十人、数百人、数千人一同奋斗，你站在这上面，才摸得到时代的脚。我放弃做专家，而是做组织者。我越来越不懂技术，越来越不懂财务，半懂不懂管理，如果不能充分发挥各路英雄的作用，我将一事无成。”

《华为基本法》就把团队精神写入其中：华为始终是一个整体，

倾听不同意见，团结一切可以团结的人。这句话包括三个方面：①强调华为的“整体性”；②华为允许“求同存异”，尊重每一个个体的意见；③营造“大团队”氛围。

《华为基本法》在“整体性”上有详细的规定，比如强调“集体奋斗”，而“不迁就有功的员工”等。这样的注解让研究者们刮目相看。

《华为基本法》在“求同存异”上也有明确描述，比如在“首长办公会”方面提出：“各级首长办公会的讨论结果，以会议纪要的方式向上级呈报。报告上必须有三分之二以上正式成员的签名，报告中要特别注明讨论过程中的不同意见。”

为了使“大团队”建设更具竞争力，在《华为基本法》中这样写道：“华为主张在顾客、员工与合作者之间结成利益共同体。”

在任正非看来，只有当顾客、员工、合作者共赢时，企业才能生存和发展，如此战略思维在中国其他企业中是较为少有的，多数企业经营者通常在“员工之间”或“与合作者之间”提倡“利益共同体”，很少提及“顾客和企业之间”形成“利益共同体”。

不仅如此，华为没有将其停留在战略层面，而是实实在在地展开工作，团结一切可以团结的力量，从而打造了一个前所未有的强大商业生物链。

华为的“狼性”企业文化

既然“狼性”在企业的生存和发展中起到非常重要的作用，那么读者可能好奇：华为的“狼性”究竟是什么？它是如何打造和保持的？

为了找到答案，我查阅了任正非历年的讲话后发现：2001 年，任正非在《华为的冬天》一文中，曾把“狼性文化”定义为偏执的危机感、拼命精神、平等、直言不讳、压强原则。这就让公众首次认识了华为的“狼性文化”。

《华为基本法》的起草者之一、华为技术有限公司高级管理顾问吴春波教授曾经撰文表示：在中国，信奉“狼性”的企业不少，但多有误解。

吴春波教授说道：“华为的‘狼性’其实是敏锐的嗅觉，是对客户、市场的关注。许多企业的倒下，常常是因为对客户傲慢，但华为一直秉承的基本原则是永远做乙方，永远以乙方的心态面对大大小小的客户。华为规模小的时候对客户保持敬畏，但当其体量已经超越客户时，依然对自己的客户保持敬畏。”

在吴春波教授看来，华为的全体员工永远追求屁股对着老板、眼睛盯着客户，感知客户、市场、精神追求的变化。一旦闻到肉味、看到机会就本能地扑上去，这就是本能的进攻，不开会、不讨论、不沟通。

一个较为典型的例子是，一家国际知名的日本电子企业的领袖就被华为超强的接待能力震惊了，甚至称华为的接待能力为“世界一流”。

对于华为的客户关系，华为总结为“一五一工程”，即一支队伍、五个手段、一个资料库。其中，五个手段是“参观公司、参观样板店、现场会、技术交流、管理和经营研究”。对客户的服务在华为是一个系统，华为几乎所有部门都会参与进来。假设没有团队精神，无法想象一个完整的客户服务流程能够顺利完成。

任正非多次强调，思想家的作用就是假设，有了正确的假设，才能有正确的思想；有了正确的思想，才能有正确的方向；有了正确的方向，才能有正确的理论；有了正确的理论，才能有正确的战略。任正非说道："我们公司前段时间挺骄傲的，以为我们是处在行业领先位置，但我们用半年的时间做了战略沙盘后，才发现我们在全世界市场的重大机会上占了不到 10%，弟兄们的优越感就没有了，知道如何努力了，这就是假设——假设未来的方向。"

在任正非看来，自我批判不是为了批判而批判，也不是为了全面否定而批判，而是为了优化和建设而批判，其最终的目的是提升华为的整体核心竞争力。

众所周知，对于任何一个初创企业来说，企业经营者在拥有了"狼性"精神后，才能在实力雄厚的跨国企业和本土巨头的夹缝中，在前有追兵、后有阻截的艰难环境中生存和发展。究其原因，敏锐地察觉竞争对手的产品研发和销售市场动向的变化，不仅可以使自己在竞争中抓住先机、把握进攻的主动权，还可以在竞争过程中挫败竞争者并赢得胜利。

第四部分

沉舟千帆过

乌龟精神被寓言赋予了持续努力的含义，华为的这种乌龟精神不能变，我也借用这种精神来说明华为人奋斗的理性。我们不需要热血沸腾，因为它不能点燃为基站供电。我们需要的是热烈而镇定的情绪，紧张而有序的工作，一切要以创造价值为基础。

我们要正视美国的强大，它先进的制度、灵活的机制、明确清晰的财产权、对个人权利的尊重与保障，这种良好的商业生态环境吸引了全世界的优秀人才，从而推动亿万人才在美国土地上创新、挤压、井喷。硅谷那盏不灭的灯，仍然光芒四射。美国并没有落后，它仍是我们学习的榜样，特斯拉不就是例子吗？我们追赶得艰难，绝不像喊口号那么容易。口号连篇，就是管理的浪费。

——华为创始人　任正非

第 11 章　技术仅领先半步

任正非多次强调，华为鼓励创新，但反对盲目创新，必须推动有价值的创新。任正非毫不客气地告诫华为人："华为投入了世界上最大的力量去进行创新，但华为反对盲目的创新，反对为了创新而创新，我们倡导有价值的创新。没有技术创新与管理体系的'傻投入'，就不会有真正的产品与市场的竞争力，就只能靠低价和打价格战，就没有利润空间。产品品质不好是耻辱，企业没利润可挣也是一种耻辱。从企业能够活下去的根本来看，企业要有利润，但利润只能从客户那里来，因此企业只能加大对客户价值创造能力的投入，而企业不盈利，对人才、技术和管理就不会有钱去投入。这是个简单的道理。我们'傻'，才会按简单道理去'傻投入、傻干'！华为坚持走技术创新的道路，关注知识产权。"

在任正非看来，在创新问题上，华为坚持更多地宽容失败，宽容"歪瓜裂枣"的奇思异想，肯定反对者的价值和作用，允许反对者的存在。正因为如此，华为的技术创新才能"超英赶美"。

崇拜技术却反对盲目创新

创新是指针对现有的思维模式提出有别于常规的见解，利用现有的知识在特定的环境中，为满足社会需求而改进或创造新的事物、方法、元素、路径、环境，同时能够得到有益效果的行为。

从这个定义不难看出，创新起源于拉丁语，原意包括三层含义：第一，更新；第二，创造新的东西；第三，改变，见图 11 - 1。

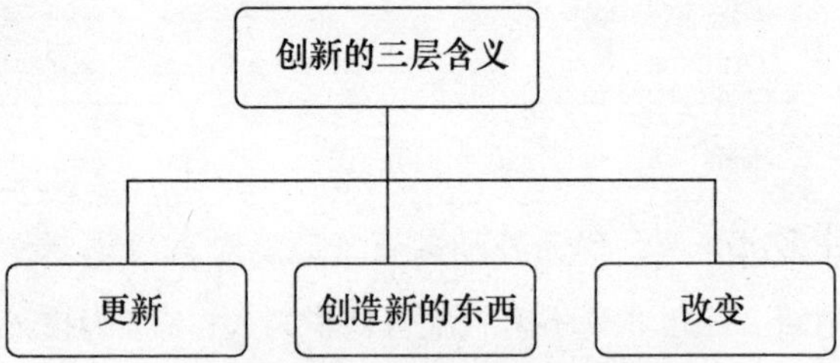

图 11 - 1　创新的三层含义

为了把这三层含义有机地集于一身，任正非做了很多尝试，此举给企业界带来的影响却是史无前例的。任正非在内部讲话中谈道："我们反对盲目创新。我们公司以前是盲目创新的公司，也是非常崇拜技术的公司。我们从来不管客户需求，自己研究出好东西就反复给客户介绍，而客户说的话根本听不进去。所以，我们在 NGN 网（Next Generation Network，下一代网络）交换机上犯了主观主义的严重错误，曾在中国电信市场上被赶出局。后来，我们认识到自己错了，并及时调整追赶，现在已经追赶上了，还在国内外得到了大量使用，在中国重新获得了机会。例如，中国移动的汇接网全是我们承建的，也是世界上最大的 NGN 网。"

在任正非看来，虽然华为是一个崇拜技术的公司，但它反对盲目创新。任正非在内部讲话中谈道："超前太多的技术，当然也是人类的瑰宝，但必须牺牲自己来完成。IT 泡沫破灭的浪潮使世界损失了 20 万亿美元的财富。从统计分析可以看出，几乎 100% 的公司并不是技术不先进而死掉的，而是技术先进到别人还没有完全认识与认可它，以致没有人来买，产品卖不出去却消耗了大量的人力、物力、财力，最终丧失了竞争力。许多领导世界潮流的技术，虽然是万米赛跑的领跑者，却不一定是赢家，反而为'清洗盐碱地'和推广新技术而付出大量的成本。”

任正非清楚地告诫华为人，对于任何一个企业来说，没有先进的技术是不行的。“华为的观点是，在产品技术创新上，华为要保持技术领先，但只能是领先竞争对手半步，领先三步就会成为'先烈'，明确将技术导向战略转为客户需求导向战略……通过对客户需求的分析，提出解决方案，再以这些解决方案引导开发出低成本、高增值的产品。盲目地在技术上创新以引导世界新潮流，是要成为'先烈'的。”

双轮驱动：客户需求和技术创新

任正非强调，华为投入了世界上最大的力量在创新上，但华为反对盲目的创新，反对为了创新而创新，华为推动的是有价值的创新。任正非认为，创新必须建立在客户需求和技术创新双轮驱动的基础上。

任正非在“变革战略预备队第三期誓师典礼”上的讲话中谈道：“以客户需求为中心做产品，以技术创新为中心做未来架构性的平台——现在，我们是两个轮子在创新：一个是科学家的创新，他们关注技术，愿意怎么想就怎么想，但他们不能左右应用；技术是否投入使用，什么时候投入使用，我们要靠另一个轮子 Marketing（市场营销）。Marketing 不断地在听客户的声音，包括今天的需求、明天的需求、未来战略的需求，这样才能确定我们掌握的技术应该怎么用以及投入市场的准确时间。”

在这个讲话中，任正非明确指出：客户需求和技术创新双轮驱动才是华为最好的创新指导思想。早在2011年的内部讲话中，任正非就曾讲道：“公司要从工程师创新走向科学家与工程师一同创新——我们不仅要以客户为中心，研究合适的产品与服务，而且要面对未来的技术方向加大投入，对平台核心加强投入，一定要占领战略的制高点。我们要不惜在芯片、平台软件等方面冒较大的风险。在最核心的方面，我们更要不惜代价、不怕牺牲。我们要从电子技术人才的引进，走向引进一部分基础理论人才，要有耐心培育他们成熟，也要理解、珍惜一些常人难以理解的奇才。总之，我们要从技术进步逐步走向理论突破。”

第 12 章　请来帮手 IBM

1999 年，华为大刀阔斧地变革业务流程，并与 IBM 达成战略合作。在 IBM 的帮助下，华为启动了以 IPD（集成产品开发）、ISC（集成供应链）为核心的业务流程变革。

在财务变革中，华为聘请 PWC（普华永道）和 KPMG（毕马威）专门为华为设计了财务体系，实现了财务制度与账目统一、代码统一、流程统一和监控统一的“财务四统一”目标，为华为建立起集中统一、高度分权的全球运作体系打下了基础。

在建立生产工艺和质量控制体系方面，华为邀请德国国家技术应用研究院（FHG）的专家，帮助设计并在顾问的指导下进行生产工艺和质量控制体系管理。

不仅如此，2003 年华为为了配合全球化战略，还进行了组织机构的重大调整，将过去集权化的企业组织向产品线/准事业部制变革。

华为的具体做法是：在纵向产品部门的基础上，又从横向按照地区将全球市场划分成了 8 个大区，每个大区都设立总裁职位并且配备完整的销售、售后、工程、市场、财务人员，构成一套完整的公司体系，由此形成矩阵式的管理模式，这也是跨国公司进行全球化运作的标准模式。这种管理模式的好处是能够有针对性地根据地区和国家的特点提供差异化的服务。①

在企业信息化方面，华为建立了全球化的企业信息化系统，超过 90% 的行政和业务都可以在该系统中完成：①分布在各国和地区的数万名研发人员，可进行 7×24 小时全球同步研发和知识共享；②在全球办公或出差的员工，在任何时间、任何地点都可以使用网上报销系统，在 7 天内完成费用结算和个人资金周转；③华为在财务管理上早已实现了制度、流程、编码和表格的“四统一”，通过在 ERP 中的财务系统建立了全球财务共享中心，具备在 4 天内完成财务信息收敛和结账的能力；④华为的客户、合作伙伴和员工能够 24 小时自由安排网上学习和培训考试，采用网上招聘和网上考评；⑤通过连接每一个办公区域的一卡通系统，人力资源部可以每天对 3 万人实现精确的考核管理，并准确地把数据纳入每月的薪酬与福利计算；⑥EPR 系统可以实现端到端集成的供应链管理，供应链管理人员一天就可执行两次供需与生产计划运算，以“天”为周期来灵活、快速地响应市场变化，客户还可以从网上查询和跟踪订单执行状态；⑦全球的电视电话会议系统，每年节省差旅费 3 000 万元；⑧华为是中国首个通过 BS 7799 信息安全国际认证的公司，建立了主动安全的预防和监控管理机制，使华为的知识产权和机密信息逐步得到保护；⑨在世界各地的客户现场，服务工程师可以随时通过互联网调阅客户的工程档案以及有关的知识经验案例、网上发起并从华为总部或各地区部门获得及时的技术与服务协调。②

华为正是通过引进西方发达国家企业的先进管理制度体系，逐步

① 徐高阳．华为 30 年：想不死就得新生．中国民商，2017-07-28．

② 田叶．华为国际化战略分析及启示．吉林工商学院学报，2012（7）．

建立起了“以流程型和时效型为主导”的国际先进企业管理体系。

建立国际先进企业管理体系

对于任何一个中国企业来说，要想成功地国际化，必须制定一套与国际接轨的模式。一位辞职者对华为的评价是：“华为不是缺战略，而是制定了错误的战略。为什么重视战略却在战略上频频失误？原因很简单，是管理出了问题，是对人的管理出了问题。华为的危机也正在于此。”

在华为早期的发展中，管理阻碍了其发展。早在 1995 年 12 月，任正非在内部员工的一个会议上，就曾表达了对华为在管理方面存在问题的诸多忧虑。

那时，由任正非牵头、由中国人民大学协助起草的《华为基本法》几经修改，已进入初稿阶段。

1996 年，在华为内外交困时，敏锐的任正非开始了自己的危机思索。最终，任正非把目光投向国际公司管理体系。在任正非大刀阔斧的变革中，1997 年华为邀请美国 HAY 咨询公司香港分公司进驻华为，开始了任职资格评价体系的建设。

为了将华为打造成百年老店，任正非一直在寻找解决方法。1997 年年底，任正非先后访问了美国休斯公司、IBM 公司、贝尔实验室和惠普公司。

经过对中外企业的对比和思考，《华为基本法》终于在 1998 年定稿问世。众所周知，《华为基本法》被誉为中国第一部公司管理基本法，在企业界有着重要的地位，甚至被视为中国企业在实践中探索职业化管理的一部巨著。

不仅如此，《华为基本法》还作为未来企业应有的秩序被中国企业清晰、系统地呈现了出来。1998 年，华为还成为国家劳动部与英国合作的“任职资格标准体系”试点企业之一。

在《华为基本法》即将定稿诞生时，任正非斥巨资引进了 ISC（集成供应链）等供应链和产品开发的相应软件，同时聘请了德国国家技术应用研究院的质量管理顾问、普华永道的财务顾问和毕马威的审计人员。

经过一系列的强化，华为建立了“以流程型和时效型为主导”的国际先进企业管理体系。为了使得该管理体系更有效，华为的内部管理架构也开始进行调整。

2000 年，华为请来了洋教练 IBM，由 IBM 为 IPD（集成产品开发）提供针对性咨询，打破了华为以部门为管理结构的模式，转向以业务流程为核心的管理模式。仅此一项变革，华为向 IBM 支付的咨询费就达到了数千万美元。此举让企业界刮目相看。

众所周知，IPD 是关于产品开发（从产品概念产生到产品发布的全过程）的一种理念和方法，它强调以市场和客户需求作为产品开发的驱动力，在产品设计中就开始构建产品质量、成本、可制造性和可服务性等方面的优势。需要注意的是，它将产品开发作为一项投资来管理。在产品开发的每一个重要阶段，都从商业的角度而不是只从技术的角度进行评估，以确保产品投资回报的实现或尽可能减少投资失败所造成的损失。这是 IBM 历时 5 年总结出来的一套管理模式。华为希望穿上 IBM 的鞋，迅速走上国际化管理的轨道。①

---

① 李超，崔海燕．华为国际化：从“红高粱”到“高科技”．IT 时代周刊，2009（10）．

在 IPD 动员大会上，任正非激昂地说道："世界上还有非常多好的管理，但我们不能什么都学，那样的结果只能是学成一个白痴。因为这个往这边管，那个往那边管，综合起来就抵消为零。所以，我们只向一个顾问学习，只学习 IBM。"

在任正非看来，虽然华为每年将销售额的 10% 投入产品开发，但在研发费用的浪费比例和产品开发周期上，形势依然很严峻，是当时业界最佳水平的两倍以上。此外，虽然华为在销售额上连年增长，但产品的毛利率却在逐年下降，人均效益只有思科、IBM 等企业的 1/3 ~ 1/6。

要想解决研发费用的浪费比例和产品开发周期问题，就必须从产品开发流程入手，因为产品开发流程处于企业价值链的最上游。

若产品开发流程出问题，生产制造、销售、交付、售后服务等下游环节就可能会产生十倍百倍的问题。华为在分析采购业务系统时发现，很多问题的根源出在产品开发过程。

找到问题的根源后，在任正非看来，华为将从产品开发这一源头入手，实施提高产品投资收益、解决公司系统性问题的治本之举。为此，华为不惜花巨资引进 IPD，其目的就是通过变革产品的开发模式，从而缩短产品的上市时间、降低费用、提升产品质量，最终提高华为产品的盈利能力。

在供应链管理上，华为同样下足了功夫。因为 ISC（集成供应链）管理的原则是通过对供应链中的信息流、物流和资金流进行设计、规划和控制，保证实现供应链的两个关键目标：提高客户的满意度，降低供应链的总成本。①

---

① 李超，崔海燕. 华为国际化：从"红高粱"到"高科技". IT 时代周刊，2009（10）.

从这个角度分析，ISC 不只是一种物质的供应链，而且集财务、信息和管理模式于一体。任正非在内部会上曾经说道："集成供应链解决了，公司的管理问题基本上就全部解决了。"

这足以说明供应链的重要。通过引进世界先进的管理体系，华为的经营管理成本逐渐减低。据 IBM 顾问介绍，在重整供应链之前，与业内其他公司相比，华为的管理水平存在较大的差距。当时，华为的订单及时交货率只有 50%，国际上其他电信设备制造商的订单及时交货率平均水平为 94%；华为的库存周转率只有 3.6 次/年，而国际上其他电信设备制造商的平均水平为 9.4 次/年；华为的订单履行周期长达 20~25 天，国际上其他电信设备制造商的订单履行周期平均水平为 10 天左右。

通过对华为的实地考察，IBM 顾问得出结论：华为的供应链管理只发挥了 20% 的效率，其提升的空间很大。

为此，华为引入了国际管理制度，成功地设计与建立了以客户为中心、成本最低的集成供应链体系，为华为日后成为世界级企业打下了坚实的基础。如今，华为的集成供应链流程改革已经实施多年了。在此期间，华为把集成供应链主流程分为 49 个子流程、179 个孙流程，又制定了 3 大类 4 大项 29 项考核指标。经过管理改进与变革，以及以客户需求驱动的开发流程和供应链流程的实施，华为具备了符合客户利益的差异化竞争优势，进一步巩固了它在业界的核心竞争力。此后，华为进行了结构性重组，按地区横向划分为 8 个分区，分别设立了地区总裁和横向的管理系统，一切均按国际标准运作。

当按照流程来管理华为时，华为的国际化发展途径也慢慢地发生了质变。在发达国家市场，华为已取得突破性进展。美国《商业周刊》高度评价道："全球经济不景气使得客户预算跟着缩减，也让华为的产品更有吸引力，特别是华为产品与其他品牌的兼容度高，可以直接替换。"

学习引进西方先进的管理制度

2004 年，哈佛大学商学院曾对华为进行了十天的调研，旨在更好地了解和研究华为这个让世界都认为非常神秘的企业案例。

在调研之前，这些教授的假设是，华为在中外市场上的成功主要得益于两个方面：第一，低价竞争；第二，政府支持。

在他们调研华为之后，上述看法已经悄然改变。他们认为：华为之所以在海外市场取得成功，最重要的就是引进了西方的管理制度，并把西方成功的管理、结构、流程、运作等引入华为，然后与华为的自身特点相结合。

直到如今，华为依然在学习西方的管理制度。任正非在内部讲话中坦言："现在，华为正在向西方学习各种管理的东西，正在改变自己。这种改变能否成功？还是要看我们自己。我们碰到的最大敌人不是别人，就是我们自己。"

任正非甚至把华为比喻成小草，"在电子信息技术上，美国过去绝对强势，而且未来几十年，美国还会具有相对优势。华为这棵小草不可能改变时代列车的轨道，但小草在努力成长，我们也希望自己能脱胎换骨，从小草变成小树苗。我们正在向西方学习很多管理知识，正在改变自己。我们的改变有没有可能成功？还是要看我们自己。所以，我们最大的敌人不是别人，就是自己。"

在任正非看来，对于任何一个像华为一样业务遍布全球、年收入达到数百亿美元的跨国企业，挤掉业务部门出于获得激励的目的而炮制的水分，这是一件非常艰难的事情。

华为到底是怎么做的？在达沃斯论坛上，任正非介绍道："华为提出到2014年12月31日之前，让有问题的人坦白从宽，在这个时间点之前坦白的都从宽，最终坦白的人数是四五千人。这四五千都是什么人？小兵没有他的份，他能坦白啥？所以，我们内部的治理结构还有很多工作要做。"

任正非继续说道：作为民营企业，也有贪腐现象，"但我们不能因为贪腐就不发展，也不能要发展就容忍贪腐"。

作为学习西方管理的一部分，任正非提出：华为要用五年的时间实现账实相符。在华为拓展美国市场时，遭遇美国以安全为由多次对华为在美国的收购、业务拓展说"不"，但任正非依然把美国作为华为学习的对象。

任正非说道："我从来就没有认为美国对我们不好或不公平。两百年来，美国从很弱小的国家变成世界第一强国，就是基于开放。华为要学习它的开放，用广阔的心胸融入世界，这样才有未来。我认为，就现在华为在世界上所处的地位来说，不应把谁当成对手，应该共同担负起信息社会的变化。目前，在网络的思想上、理论上、架构上都需要许多探索，不是随便几家公司就能完成的，可谓任重而道远。"

在任正非看来，美国在电子信息技术方面的绝对强势，至少要保持几十年的相对优势。因此，学习美国的先进管理符合华为的国际化战略。当然，针对华为内部的腐败问题，任正非坦言：华为一直在尝试制度反腐。

2011 年，华为设立开通了廉洁账户，要求收受过好处的员工自动将非法所得入账。为此，任正非在内部讲话中告诫华为人："在过渡时期，通过设置廉洁账户给大家一个改过自新的机会。没有了廉洁账户，大家就要更加严格地要求自己。关闭廉洁账户，并不是反腐减弱了，而是进一步加强对队伍的约束。就地司法就是一种形式。通过问责体系的建设，让大家愿意遵循正确的规则做事，愿意尽职尽责地做事。"

2013 年年底，任正非在华为新年致辞中声称，预防和查处腐败是 2014 年华为内部管理的工作重点。

2014 年 9 月 4 日，华为企业网业务部在华为培训基地召开了一次颇具规模的反腐大会。

在 2015 年的新年致辞中，华为消费者业务部同样提及反腐，并称将进一步强化内部监管，对待腐败问题实行"零容忍"，同时告诫员工不要掉队、放下包袱，珍惜华为给予的申报机会。

对于华为内部反腐，任正非说道："我们今年讲哪些业务作假，就是不准下面瞒产，瞒产要写检讨，要全球通报，但又不准利润做多，那怎么办呢？没路可走，他就会把钱挤到增加土壤肥力、增加战略投入上。"

华为诸多的反腐手段，只是账实相符战略的冰山一角。当然，华为实行账实相符战略，是因为华为越来越庞大。为此，通过制度化挤出财务里的水分符合华为未来的发展。在这样的背景下，华为的财务团队深入参与其中就在情理之中了。

公开数据显示，自 2012 年开始，华为中国区的财务团队直接与客户进行应收对账，二十多名会计在三年时间里几乎深入中国区所有的地级市，直接为华为收回了上千万元高风险应收账款，查出了上亿元的不合规收入，与客户直接对账的比率已达99.13%。①

2014年，由华为CFO孟晚舟负责实施了多项财务改革，包括启动“预算管理全景图”试点、启动全球税务风险管理项目，同时成立了新团队负责数据质量管理。孟晚舟介绍，通过对财务风险等的控制措施，在坏账收回方面贡献的利润增加就超过了28亿元。

孟晚舟在2015年新年致辞中提及，华为的财务人员已参与到产品和业务流程中。这种贯穿业务始终的财务工作方式取得了成果，布隆迪代表处、孟加拉国代表处在2014年超额完成了经营目标，甚至连续多年亏损的巴西也扭亏为盈。②

与诸多中国企业相比，华为的财务部门相对较为强势。在中国的诸多企业架构中，主营业务部门中的研发、市场通常较为强势，而财务、人力资源、行政等支撑部门一般没有话语权。在早期创业阶段，华为同样如此。当年华为聘请IBM进行内部管理变革咨询时，华为就强力推行IPD模式。在IPD模式的引进中，同样是把研发和供应链管理作为管理重点，照样不涉及财务的变革。直到2007年，华为引进IBM的高级顾问启动IFS（集成财务转型）项目时，华为的财务管理才开始渗透到运营的每一个环节。如今的华为，财务部门已成为一个较为强势的管理部门。

---

①② 李超，崔海燕．华为国际化：从“红高粱”到“高科技”．IT时代周刊，2009（10）．

第 13 章　灰度管理

在任正非的管理哲学中，始终坚持“管理灰度”。为此，任正非在华为内部讲话时介绍了管理灰度：“一个清晰的方向，是在混沌中产生的，是从灰色中脱颖而出的，方向是随时间与空间而变的，它常常又会变得不清晰，并不是非白即黑、非此即彼。合理地掌握合适的灰度，是使各种影响发展的要素在一段时间内和谐，这种和谐的过程叫妥协，这种和谐的结果叫灰度。”

在任正非看来，“非白即黑、非此即彼”的管理模式会影响管理的效果。我们查阅任正非的很多内部讲话时发现，任正非都把管理灰度作为讲话的一部分，足以说明管理灰度的巨大作用。

掌握介于黑与白之间的灰度

在华为内部讲话中，任正非说道：“一个领导人重要的素质是方向、节奏，他的水平就是合适的灰度，坚定不移的正确方向来自灰度、妥协与宽容。”

这包含三个要素：第一，清晰的方向来自灰度；第二，领导者必须学会宽容；第三，没有妥协就没有灰度。只有学会灰度，才会有宽容，也只有宽容，才能双赢。这三个要素看似简单，但要深刻理解其内涵，却不是那么容易。

在《管理的灰度》一文中，任正非写道："妥协一词似乎人人都懂，用不着深究，其实不然。妥协的内涵和底蕴比它的字面含义丰富得多，而懂得它与实践更是完全不同的两回事。我们华为的干部大多比较年轻，血气方刚、干劲冲天，不大懂得必要的妥协，也会产生较大的阻力。"

正因为如此，我们把任正非的经营管理归结为均衡的思想。自2001年起，任正非总结了华为的"十大管理要点"，不管内外部环境发生了怎样的变化，他一直把"坚持均衡发展"放在第一条，足以说明均衡发展对华为的重要，甚至吴春波教授曾撰文认为："任正非经营管理思想的核心就是均衡，均衡是其最高的经营管理哲学。任正非自称是一个有'灰度'的人，他认为，介于黑与白之间的灰度是十分难掌握的。"①

所谓灰色，就是指纯白、纯黑以及两者中的一系列从黑到白的过渡色。灰度的通常表示方法是百分比，范围从0到100%。Photoshop中只能输入整数，在Illustrator和GoLive中允许输入小数百分比。与RGB颜色正好相反，百分比越高颜色越偏黑，百分比越低颜色越偏白。

从灰度的定义可以看出，灰色是纯白、纯黑以及两者中的一系列从黑到白的过渡色。自然界中大部分物体的平均灰度为18%。灰度一词，在华为语境中有着重要的地位，是任正非在许多重要讲话中使用的词汇。② 在2008年市场部年中大会的讲话中，任正非讲道：

---

① 吴春波．任正非间于"黑""白"之间的灰度管理哲学．中国经营报，2010-10-27.

② 中国企业家编辑部．任正非总结华为成功哲学：跳芭蕾的女孩都有一双粗腿．中国企业家，2014（10）.

“开放、妥协、灰度是华为文化的精髓，也是一个领导者的风范。”

为了更好地阐释灰度管理，《中国企业家》在《任正非总结华为成功哲学：跳芭蕾的女孩都有一双粗腿》一文中指出：唯物辩证法告诉我们，矛盾的观点、对立统一的观点是认识事物最根本的观点。矛盾极其复杂多样，其运动形态绝不是斗争一种形态，矛盾的同一性或统一性是更普遍的形态。所以，我们不能形而上学地认为世间的事物是有你没我、你死我活、非白即黑，更普遍的形态是你中有我、我中有你、你活我也活、黑中见白、白中有黑；在一定条件下，黑、白可能互相转化，黑可能变白，白亦可变黑。所以，在认识事物中，那种极端的观点、绝对化的观点、一成不变的观点都是不正确的。任正非辩证地看待灰度，于是借用“灰度”一词教育干部和员工不要走极端。

“合二为一”不是黑、白不两立的“一分为二”

在任正非的经营管理中，较为推崇灰度管理哲学。在任正非看来，“合二为一”不是黑、白不两立的“一分为二”，而是可以融合的。在灰度理论的支配下，任正非同时强调开放与妥协，反对“斗争哲学”，崇尚合作精神与建设性。

可能读者会好奇地问：“任正非的忧虑是什么？”《华为基本法》就能给读者回答了这个问题。

在《华为基本法》中，处处可见悖论，处处可见闭环，比如“我们既要如何，又要如何……”在二十多年来任正非的文章与讲话中，也不乏互为对立但实则统一的言论，关键是在什么样的时空条件下。比如战略定位必须清晰，这样前后方作战的将士们才能有明确的目标与方向，但时空条件发生变化了，战略定位也会跟着发生调整。比如民主与权威的关系，前者代表活力与创造性，后者代表秩序，两者缺一不可，但如何拿捏分寸？我们既要有制度的制衡，又要有领导者集体的权变艺术。

在管理中，科学、合理地治理企业，的确需要一个恰当的分寸。为此，任正非说道："灰度是常态，黑与白是哲学上的假设，所以我们反对在公司管理上走极端，提倡系统性思维。"

在任正非看来，清晰的方向来自灰度。在《管理的灰度》一文中，任正非写道：

> 我们纵观中国历史上的变法，虽然它们对中国社会的进步产生了不灭的影响，但大多没有达到变革者的理想。我认为，面对它们所处的时代环境，他们的变革太激进、太僵化，冲破阻力的方法太苛刻。如果他们用较长时间来实践，而不是太急迫、太全面，收效也许会好一些。其实就是缺少灰度。方向是坚定不移的，但并不是一条直线，也许是不断左右摇摆的曲线，在某些时段来说，还会画一个圈，但我们离得远一些或粗一些来看，它的方向仍是坚定地指着前方。
>
> 我们今天提出了以正现金流、正利润流、正的人力资源效率增长以及通过分权制衡的方式，将权力通过授权、行权、监管的方式，授给直接作战部队，这也是一种变革。在这次变革中，也许有些措施与二十年来的决策方向是有矛盾的，也将涉及许多人的机会与前途，我想我们相互之间都要有理解与宽容。

从任正非的这个讲话中不难看出，华为始终用灰度的思想指导华为的各项实践。比如公司设计自身所有制的实践，正确处理本土化和国际化的实践，如何正确对待客户、竞争对手、供应商的实践，内部管理上如何正确处理质量与成本、拿合同与保进度的实践，如何处理守成与创新的实践，如何处理员工身份的实践，如何处理人事制度变革的实践，等等，在这些实践中，华为都坚持了灰度的指导思想。实践证明，灰度思想是指导华为公司实践取得成功的重要“法宝”。①

恰当地接受别人的妥协

在经营管理中，任正非始终坚持没有妥协就没有灰度，“坚定不移的正确方向来自灰度、妥协与宽容”。在任正非的管理改进中，坚决反对的第一条，就是“坚决反对完美主义”。

在任正非看来，没有妥协就没有灰度。在《管理的灰度》一文中，任正非写道：

> 坚持正确的方向，与妥协并不矛盾；相反，妥协是对坚定不移方向的坚持。当然，方向是不可以妥协的，原则也是不可妥协的。但是，实现目标过程中的一切都可以妥协，只要它有利于目标的实现，为什么不能妥协一下？目标、方向清楚了，如果此路不通，我们妥协一下，绕个弯，总比原地踏步要好，干嘛要一头撞到南墙上？
>
> 在一些人的眼中，妥协似乎是软弱和不坚定的表现，似乎只有毫不妥协，方能显出英雄本色。但是，这种非此即彼的思

① 中国企业家编辑部．任正非总结华为成功哲学：跳芭蕾的女孩都有一双粗腿．中国企业家，2014（10）．

维方式，实际上是认定人与人之间的关系是征服与被征服的关系，没有任何妥协的余地。

在任正非看来，“妥协”其实是非常务实、通权达变的丛林智慧，凡是人性丛林里的智者都懂得在恰当的时机接受别人妥协，或向别人提出妥协，毕竟人要生存，靠的是理性，而不是意气。

为此，任正非认为：“妥协”是双方或多方在某种条件下达成的共识，在解决问题上它不是最好的办法，但在没有更好的方法出现之前，它却是最好的方法，因为它有不少的好处。

当然，妥协并不意味着放弃原则、一味地让步。任正非强调，明智的妥协是一种适当的交换。为了达到主要的目标，可以在次要的目标上做适当的让步。这种妥协并不是完全放弃原则，而是以退为进，通过适当的交换来确保目标的实现。相反，不明智的妥协就是缺乏适当的权衡，或是坚持了次要目标而放弃了主要目标，或是妥协的代价过高而遭受了不必要的损失。在《管理的灰度》一文中，任正非写道：

> 明智的妥协是一种让步的艺术，妥协也是一种美德，而掌握这种高超的艺术，是管理者的必备素质。
>
> 只有妥协，才能实现“双赢”和“多赢”，否则必然两败俱伤。因为妥协能够消除冲突，拒绝妥协，必然是对抗的前奏；我们的各级干部真正领悟了妥协的艺术，学会了宽容，保持开放的心态，就会真正达到灰度的境界，就能在正确的道路上走得更远，走得更扎实。

在任正非的管理思维中，宽容和妥协是一种智慧，并非软弱。其原因是，具有不同性格、不同特长、不同偏好的人能否凝聚在组织目标和愿景的旗帜下，靠的就是管理者的宽容。如同任正非所言："宽容所体现出来的退让是有目的、有计划的，主动权掌握在自己的手中，无奈和迫不得已不能算宽容。只有勇敢的人才懂得如何宽容，懦夫绝不会宽容，这不是他的本性。宽容是一种美德。"

在管理实践中，妥协是务实、通权达变的丛林智慧。在任正非看来，要想使华为快速地发展，必须考虑各方面的利益，设法让这些利益方达成妥协；在多元价值之间要设法彼此宽容，最终达成多重利益和多元价值基础上的团结。妥协很可能是特定利益格局下无奈让步的结果：在很多情况下，一个安排明明不合理，也只能勉强接受；同样，宽容很可能意味着"井水不犯河水"的回避主义、"惹不起但躲得起"的退让主义，甚至"大人不见小人怪"的恩赐主义。①

① 汪小星，孙嘉芸. 华为任正非：不做僵化的西方样板. 南方都市报，2010-03-02.

第 14 章　班长的战争

在任正非的讲话中，多次提到“班长的战争”。拥有军旅经历的任正非十分清楚，“班长的战争”源自美国军队的作战方法。

在美国军队的作战思维中，战争不再像过去那样是集团军作战，也不再凭借名将，而是依靠一个连（排）甚至班一级的小分队。

一个连（排）甚至班一级的小分队深入敌后，凭借携带的卫星定位仪器和激光指示器，随时可以根据下载的卫星画面寻找敌人的踪迹，甚至还可以通过卫星呼唤战机、导弹进行针对性的战略轰炸。

在这样的作战模式下，班长不仅是一线战场的作战指挥员，而且是该小分队的直接领导者，还是将信息传递给指挥部的直接负责人。这样的角色需要拥有相关的专业技术，同时还需要有随机决断的指挥能力。

面对市场形势的巨变，华为强调“让听得见炮声的人来呼唤炮火”，即要求“班长”在最前线发挥主导作用，让最清楚市场形势的人指挥，以提高反应速度、抓住机会、取得成果。它要求上级对战略方向正确把握，平台部门对一线组织有效支持，而班长们具有调度资源、及时决策的授权。这种模式的基础是组织和层级简洁（比如三层以内）、决策方式扁平、运营高效。

因此，任正非对华为进行了变革。任正非说道：“在主航道组织中实现‘班长战争’，一线呼唤炮火，机关转变职能；非主航道组织去矩阵化或弱矩阵化管理，简化组织管理。虚拟考核评价战略贡献，抢占战略高地。”

指挥权力下沉

在“班长的战争”中，战争的主角——优秀的“班长”和专家的选用育留及自身的主动成长也非常关键，“班长”们同样是精英中的精英。在内部讲话中，任正非说道：

> 今天我给你们带来了一个光碟，是《莫斯科保卫战》的上集，只给你们看上集。这描写了第二次世界大战中，苏德战场上苏军早期在西线全面溃败的情景。
>
> 在苏德战争初期，除了斯大林同志刚愎自用、听不进任何意见、没有做战略准备外，还有斯大林时代清洗了 800 万红军和党的干部，从而使苏联红军不成熟、教条主义横行，而苏军的中层不决策、在执行中的僵化教条，也使得希特勒以“闪电战”攻击的时候，苏军毫无还手之力，在西线全线溃败，让德军合围。苏联在卫国战争中共死亡 3 500 万人，其中 2 500 万人是军人，多数应该是在早期西线溃败的时候牺牲的。
>
> 这个错误是以数百万军人的生命为代价的。敌人都已经兵临城下了，应该不应该做战争准备？保管员甚至以签字未完成为由不打开武器库；不会打仗的军事委员们，一件小事都要等大本营的指示，恰好电话线已被德军炸断……这种状况跟我们今天很相像。
>
> 对重大战略问题做出决策是一个很漫长的过程，高层的决

策可能是对的，但在攻取一个山头的问题上，高层未必比听到炮响的领导更正确，所以我们要把这个指挥权下放给你们。下放给你们以后，我们就发现有几个问题，基层拿到指挥权不知道该干什么。最终，虽然莫斯科保卫战胜利了，但真实的胜利原因是严寒。零下四五十度的低温使德军的坦克动不了，因而德军的机械化作战部队运作不起来了，应该说是老天帮了很大的忙。但是，华为公司可没有上帝，没有一个人会帮我们的忙，一旦我们出现溃败，是没有人会帮忙的。

在任正非看来，"班长的战争"就意味着权力下沉，"让听得见炮声的人来呼唤炮火"。那么，指挥权和项目决策权应该在区域，业务组（business group，BG）作为资源中心支撑作战。BG的目标是做大销售额，区域的目标是产生合理利润。区域在未来的5～10年应从现在的屯兵模式逐步走向精兵模式，不足的兵力由战略预备队作为机动部队协助作战。为此，任正非说道：

我们从以技术为中心向以客户为中心转移的过程中，如何调整好组织，始终是一个很难的题目。

刚开始，我的认识也是有局限性的。我在EMT（经营管理团队）会上讲了话，要缩短流程、提高效率、减少协调，使公司实现有效增长以及现金流的自我循环。但我提出的措施确实有一些问题，单纯地强调精简机关、压缩人员、简化流程，遭到了一部分EMT成员的反对。他们认为把机关干部和员工压到一线后，会增加一线的负担，同时增加成本，并且帮不了什么忙。机关干部下去以总部人员自居，反而干预了正常的基层工作。

后来，我听取了一些中层干部的反映，他们认为组织流程变革要倒着来，从一线往回梳理，平台（支撑部门和管理部门，包括片区、地区部及代表处的支撑和管理部门）只是为了满足前线作战部队的需要而设置的，并不是越多越好、越大越好、越全越好。要减少平台部门，减轻协调量，精简平台人员，自然效率就会提高。这样，EMT 决议还未出笼就被反了一个方向。

但是，如何实现这一点？问题仍然摆在我们前面。这次访问利比亚时，听取了北非地区部的汇报，我有了一些启发。

北非地区部努力做好客户界面，以客户经理、解决方案专家、交付专家组成的工作小组，形成面向客户的“铁三角”作战单元，有效地提升了客户对我们的信任度，较深地理解了客户需求，关注良好有效的交付和及时的回款。

“铁三角”的精髓是为了目标而打破功能壁垒，形成以项目为中心的团队运作模式。公司业务开展的各领域、各环节都会存在“铁三角”，“铁三角”只是形象的说法，不要简单地理解为三角，四角、五角甚至更多角也是可能的。这给下一阶段的组织整改提供了很好的思路和借鉴，公司的主要资源要用在找目标、找机会并将机会转化成结果上。我们后方配备的先进设备、优质资源，应该在前线发现目标和机会时就能及时发挥作用，提供有效的支持，而不是拥有资源的人来指挥战争、拥兵自重。

既然如此，华为将面对一个非常务实的问题：到底谁来呼唤炮火？面对这个问题，任正非回答道：

谁来呼唤炮火？应该让听得见炮声的人来决策，而现在我们恰好是反过来的。机关不了解前线，但拥有太多的权力与资源，为了控制运营的风险，自然而然地设置了许多流程控制点，而且不愿意授权。过多的流程控制点会降低运行效率、增加运作成本，并且滋生了官僚主义及教条主义。

当然，因内控需要而设置合理的流程控制点是必须的。去年（2008年），公司提出将指挥所（执行及部分决策）放到听得到炮响的地方去，现在已经有了变化，计划预算开始以地区部、产品线为基础，已经迈出了可喜的一步，但还不够。北非地区部给我们提供了一条思路，就是把决策权根据授权规则授给一线团队，后方起保障作用。这样，我们流程优化的方法就和过去不同了，流程梳理和优化要倒过来做，也就是以需求确定目的，以目的驱使保证，一切为前线着想，大家就会共同控制有效流程点的设置，从而精简不必要的流程、精简不必要的人员、提高运行效率，为生存下去打好基础。

用一个形象的术语来描述，我们过去的组织和运作机制是"推"，现在要将其逐步转换到"拉"的机制上去；或者说，是"推""拉"结合，以"拉"为主的机制。"推"的时候，是中央权威的强大发动机在推，一些无用的流程、不出功的岗位是看不清的。"拉"的时候，看到哪一根绳子不受力，就将它剪去，连在这根绳子上的部门及人员一并剪去，这样组织效率就会有较大的提高。我们下一步的改革，就是前端组织的技能要变成全能的，但并非意味着组织要去设各种功能部门。

基层作战单元在授权范围内，有权力直接呼唤炮火（指在项目管理上，依据IBM顾问提供的条款、签约、价格三个授权文件，以毛利及现金流进行授权，在授权范围内直接指挥炮火，超越授权要按程序审批)。当然，炮火也是有成本的，谁呼唤了炮火，谁就要承担呼唤的责任和炮火的成本。后方变成系统支持力量，必须及时、有效地提供支持与服务以及分析监控。公司机关不要轻言总部，机关不代表总部，更不代表公司，机关是后方，必须给前方提供支持与服务，不能颐指气使。

为此，任正非补充说道："公司的最高决策机构是 EMT 会议，EMT 成员只是在会议结束后推动决议的执行，他们称之为首长负责制，但不能自称总部。机关干部和员工更不能以总部自称并发号施令，更不能要求前方的每一个小动作都必须向机关报告或经机关批准；否则，机关就会越做越大、越来越官僚。一线的作战要从客户经理的单兵作战转变为小团队作战，而且客户经理要加强营销四要素（客户关系、解决方案、融资和回款条件、交付）的综合能力，要提高做生意的能力；解决方案专家要一专多能，对自己不熟悉的专业领域要打通求助的渠道；交付专家要具备能与客户沟通清楚工程和服务解决方案的能力，同时对后台的可承诺能力和交付流程的各个环节了如指掌。其他非主业务的人员要加强对主业务的了解，了解达不到一定深度的，不能成为管理干部及骨干；没有这种经历的，要去补好这一课。"

任正非举例称："以美军在阿富汗的特种部队来举例。以前，前线的连长指挥不了炮兵，要报告师部请求支援，师部下命令后，炮兵才开炸。现在，火控系统的支持力量超强，前端功能全面、授权明确，特种战士一个呼叫，飞机就开炸，炮兵就开打。前线 3 人一组，包括一名信息情报专家、一名火力炸弹专家、一名战斗专家，他们互相了解一点对方的领域，而紧急救援、包扎等都经过训练。当发现目标后，信息情报专家利用先进的卫星工具等确定敌人的集群、目标、方向、装备……火力炸弹专家配置炸弹、火力，计算出必要的作战方式，再按授权许可度呼叫炮火。”

任正非认为：“美军作战小组的授权是以作战规模来定位的。例如，5 000 万美元在授权范围内，后方根据前方命令就及时提供炮火支援。我们公司将以毛利、现金流对基层作战单元授权，在授权范围内，甚至不需要代表处批准就可以执行。军队是消灭敌人，我们就是获取利润。‘铁三角’对准的是客户，目的是利润。‘铁三角’的目的是实现利润，否则所有这些管理活动都是没有主心骨、没有灵魂的。当然，在不同的地方、不同的时间，授权是需要定期维护的，但授权管理的程序与规则是不能轻易变化的。”

在任正非看来，科学的管理必须懂得放权和授权，不能事必躬亲。只有这样，才能真正地实现“班长的战争”和让“听得见炮火的人来呼唤炮火”。

“班长的战争”的两个支撑点

在华为，“让听得见炮声的人来呼唤炮火”的具体做法有两个：

(1) 简化组织管理，让组织更轻、更灵活是华为未来组织改革的奋斗目标。

任正非坦承，这样的组织机构变革源于美国军队的军事变革，美国军队的作战单位已开始从师变成旅，但作战的能力却极大地增强了，而且美国还在变革，其未来的方向是作战单位有可能旅直管营，去除团一级，还要缩小成排、班……班长可能是一名少将或少校，因为一个班的火力配置很强（巡航导弹、飞机、航母……），就没有必要组织大部队作战。

基于此，任正非认为："'班长的战争'这个理念应该这么来看，大规模人员作战很笨重，缩小作战单位后更加灵活，而且综合作战能力提升了。也就是说，机关要更综合，决策人不能更多。让组织更轻、更灵活是适应未来社会发展的，也是我们未来组织改革的奋斗目标。"

任正非在内部讲话中说道："将来华为的作战方式也应是综合性的，我们讲'班长的战争'，强调授权以后，精炼前方作战组织，缩小后方机构，加强战略机动部队的建设。划小作战单位，不是指分工很细，而是通过配备先进武器和提供重型火力支持，使小团队的作战实力大大增强。当然，授权不是一两天能完成的。目前，管理上的问题没有落地，所以 3～5 年内把 LTC（Lead to cash，从线索到回款）、账实相符、'五个一'作为重点，一定要实现端到端贯通。五年以后，坚定不移地逐步实现'让前方来呼唤炮火'，多余的机构要关掉，这样机关就不会那么官僚化。"

对于这样的变化，任正非回忆道："当年，我们从小公司走向大公司时，不知道怎么管理，结果是分工过细。现在，我们使用的工具先进了、很多流程打通了，因而我们的功能组织也要综合化，不仅要减少层级，也要缩小规模，将几个组织合并成一个组织。比如商务合同评审的专业组织，应该涵盖运营商 BG、企业网 BG，没有必要成立两个平台。"

在华为的变革中，矩阵化管理主要用于主航道上的作战队伍，这需要一个大规模的平衡，同时要耗费一点人力资源，称称这个、平衡那个。对于非主航道，任正非坦言："就不需要这么复杂的平衡。慧通去矩阵化：第一，必须对华为服务，不能到社会上招揽生意，这是对它的制约；第二，必须自己养活自己。"

在任正非看来，内部服务弱矩阵化，就是实行流程责任制，只有几个管理的核心干部还是矩阵化的。组织的优化不需要同时上，哪个模块成熟了就可以先走，若总是追求完美的“齐步走”，等候时间就太长了。

任正非举例说道：“我们要有个假设，将来如果我们担负起700亿美元的销售收入，并不意味着华为总人数会产生大幅增长。我们每年要招聘一些尖子进来，替换不合适的人员，因此总人数的增长是有限的，但作战结果会有极大提高。在811规划中，不能大幅增加人力资源编制，不要总向研发与市场倾斜，但可以增加薪酬包。”

（2）组织绩效——根据当期产粮食多少来确定基本评价（KPI），根据对土壤未来肥沃程度的改造来确定战略贡献，两者要兼顾，没有当期贡献就没有薪酬包，没有战略贡献就不能提拔。

任正非说道：“我们认为，还是根据产粮食多少来确定基本评价（KPI），根据对土壤未来肥沃程度的改造来确定战略贡献。例如，根据销售收入+优质交付所产生的共同贡献拿薪酬包；若没有做出战略贡献，不能被提拔。现在，我们的KPI也包含了很多战略贡献。战略贡献要搞KPI，我也同意，但要单列，也就是战略KPI和销售收入KPI不能一致。将来，公司的所有指标都要关注抢粮食，关注战略指标。”

任正非举例说道：“我们原来的虚拟考核方法很好，可以继续沿用。例如，我们有68个战略高地、200多个战略机会点，抢占战略高地要靠能力提升、靠策划、靠方法，不完全靠激励。当然，激励也是应该的。虽然抢占了战略高地，但若利润是负值，那么乘以任何系数都没用，因此至少要实现薄利，不要简单地说‘未来如何赚钱’，即使未来赚钱，也是破坏了今天的战略平衡。设定的战略目标有销售收入浮动的比例。战略机会点攻进去了，不允许降价做恶性竞争，但允许多花钱，比如可以派两个‘少将’去。BG的重心是销售收入，既想卖东西，又想抢占战略高地，是虚拟考核；区域考核的是盈利和战略，即使薄利，也是盈利。当 BG 和区域的诉求完全不一致时，由区域说了算。”

让高级专家和干部奔赴一线

在华为的激励手段中，除了“远征”和情怀外，就是大量的“金元”。2016 年 10 月，任正非的内部讲话传遍中国的社交网络。

2016 年 10 月 28 日，任正非在动员大会上高调发布了动员令，动员即将“远征”的 2 000 多名华为高级干部和专家。不仅如此，任正非还把这些高级干部和专家重新投放到一线，包括非洲、中东等“艰苦的地区和国家”。

此次“出征”的规格较高，如同十多年前一样。任正非在“出征·磨砺·赢未来”研发将士出征大会的讲话中说道：

> 像这样的誓师大会，我印象很深的，还有 2000 年五洲宾馆的出征将士送行大会。“青山处处埋忠骨，何须马革裹尸还”的大标语，充满了一种悲壮，其实我们那时连马革也没有。为了身份的证明，我们需要在世界市场上的成功，而在完全不了解世界的情况下，我们就踏入了茫茫的“五洲四洋”，那时非洲还在战乱中……
>
> 风萧萧兮易水寒，在那个外汇管制的时代，常常发生我们的员工在麦当劳刷不出卡的窘境。有一本小书《枪林弹雨中成长》就记录了这一代人的艰辛。今天能达到 800 多亿美元的销售收入，融进了多少人的青春、血汗与生命。我们今天成功了，不要忘记一起奋斗过的人，不要忘记不管是因公还是因私献出了生命的人。

我们今天已有大片土地，一定能找到纪念他们的形式。

今天，我们的勇士又要出征了，我们已经拥有在170个国家武装到牙齿的铁军，我们的流程IT已能支持单兵作战。每年我们仍会投入上百亿美元，不断改善产品与作战条件。我们要从使用“汉阳造”转变到驾驶“航母”的现代作战方式。我们除了要在传统增量市场上大量培养“将军”、创造成绩、多生产粮食外，在新的机会领域，我们也要努力成长。云化是我们不熟悉的领域，虽然我们的图像领先，但我们除了在德国拥有大规模实践的经验外，在其他国家还没有规模化的成功，还没有建立一支成熟的队伍。特别是面对大视频带来的流量洪水和更低的时延要求，我们还没能驾驭。战略预备队只能一边学、一边教、一边干，让小老师逐渐成为“大教授”，让“二等兵”在战火中晋升为“将军”。大时代呼唤着英雄儿女，机会将降临到有准备的人身上。大江东去浪淘沙，天翻地覆慨而慷，不能打仗的主官将会离开岗位。随时准备下台，才能不下台。

服务是我们进攻中的重要防线，网络容量越来越大、越来越复杂，维护越来越困难，任何新公司、黑天鹅要全球化，都不可能逾越此障碍。没有多年的积累是不可能建立起活的“万里长城”“马奇诺防线”的，我们历时28年建立的服务体系不是那么容易超越的，特别是这条防线正在逐步人工智能化。GTS（全球技术服务）在这些年的进步，为我们建立了巩固的防线，使我们进可攻、退可守。我们迫切需要更多的专家、“将军”，同时建立起针对未来的复杂网络以及更巩固的防线。“江山代有才人出”，服务将是我们不败的基础。

任正非回忆道：

我们除了在市场战线上要获得成功外，在技术战线上也要有所作为。我们每年除了给开发拨付80亿~90亿美元的经费外，还将给研究拨付每年超过30亿美元的经费。我们为什么要延伸到基础研究领域，因为这个时代发展得太快了。网络的恐怖式发展，使我们不能按过去科学家发表论文，我们理解后去做工程实验，然后生产产品，这样缓慢的道路发展。

现在，我们就要选择在科学家探索研究的时候，探进脑袋去思考如何工程化的问题。我们不仅要使自己数十个能力中心的科学家和工程师努力探索、不怕失败，而且要越过工卡文化，大力支持全球同方向的科学家。我们的投资是不具狭义目的的。正如我在白俄罗斯科学院所说的，我们支持科学家是无私的，投资并不占据他的论文，不占有他的专利、他的成果，我们只需要有知晓权。不光是对成功的知晓权，也包括对失败过程的知晓权。像灯塔一样，你可以照亮我，也可以照亮别人，而且灯塔是你的，完全不影响你产业化。

我们今天集结2000多名高级专家及高级干部走上战场，让他们真正去理解客户需求，背上他们自己制造的降落伞，空降到战火缤纷的战场。“春江水暖鸭先知”，你不下水，怎么知道天气的变化。当前的“天气预报”绝大多数是美国做出的，美国不仅集中了大量的优秀人才，而且它的创新机制、创新动力汹涌澎湃。我们要敢于聚焦目标、饱和攻击、英勇冲锋，不惜使用范弗里特弹药量，对准同一城墙口，数十年持之以恒地攻击。我们要敢于在狭义的技术领域也为人类做出“天气预报”。努力在基础科学上领先，与以客户为中心并不矛盾。客户需求是广义的，不是狭义的。

在任正非看来，上次“出征”是由于当时华为还比较弱小，为了生存，不得不四处“征战”。如今的华为已非当年，按照华为的全员持股政策和优厚的薪酬体系，此次派遣的2 000多名高级干部和专家都是百万、千万乃至亿万富翁。

这样的高收入足以让中国大部分员工羡慕嫉妒恨，那么为什么早已财富相对自由的他们能够在任正非一声令下后就奔赴一线呢？答案就是源于华为自身的发展需要——以客户为中心。

在2016年的全国科技创新大会上，任正非当着国家领导人和上千名两院院士的面，充满危机感地说道：“随着逐步逼近香农定理、摩尔定律的极限，而对大流量、低时延的理论还未创造出来，华为已感到前途茫茫、找不到方向，华为已前进在迷航中。”

任正非有着这样的忧虑，源于华为自身的特殊情况。任正非解释道：“我们错过了语音时代、数据时代，世界的战略高地我们没有占据，我们再不能错过图像时代。我们不能像过去一样，将招聘的新员工培训后投入战场，等3～5年他们成熟的时候，这个机会窗已经半开半掩了，我们将再次失去占领图像高地、云化时代的机会。”

任正非说道：

> 正如胡厚崑所说的，我们每年要破格提拔4 000多名员工，以激活奋斗的力量，让优秀人才在最佳时间、最佳角色做出贡献。人力资源的评价体系要一国一制，用什么考核什么，不进行无目的的考核，让前线将士聚焦在作战上。人力资源要研究热力学第二定律的熵死现象，避免华为过早地沉淀和死亡。
>
> 郭平提出，用法律遵从的确定性来应对国际政治的不确定性，从而为我们指出了正确处理国际关系的方向。我们的财务管理已达到行业领先水平，结束了区域站点存货无法盘点的历史，中心

仓存货的账实准确率为 99.89%，站点存货的账实一致率为 98.17%。有成功实践经验的优秀专家及干部正在大规模成长，但我们不能就此满足。我们要有应对金融危机的预案，要压缩超长期库存和超长期欠款，因而提高合同质量是最根本的措施。

经过三十年的奋斗，我们已从幼稚走向了成熟，而成熟也会使我们惰怠。只有组织充满活力，奋斗者充满一种精神，就没有不胜利的可能。炮火震动着我们的心，胜利鼓舞着我们，让我们的青春无愧无悔吧！

春江水暖鸭先知，不破楼兰誓不还。

从任正非的讲话中不难看出，要想占据世界战略高地，华为就需要 2 000 多名高级专家和干部冲到一线去，夺取这个技术高地。任正非说道："我们在短时间内直接选拔了有 15 ~ 20 年研发经验的高级专家及高级干部投入战场，他们对技术深刻的理解能力，与前线将士的战场掌控能力结合在一起，一定会胜利的。"

不论是电视剧《亮剑》中的李云龙，还是电视剧《彭德怀元帅》中的开国将领彭德怀，抑或是电视剧《战将》中的韩先楚将军，都始终把作战指挥所设立在前线，随时能够亲临前线。

当然，任正非能够让 2 000 多名华为高级干部和专家奔赴一线，还源于任正非建立了重视奖励的机制。虽然华为可能是中国股权最分散的公司之一，但就是这种分散股权，形成了华为强有力的激励机制，即华为舍得下血本"收买"知识分子。

公开资料显示，此次被派遣"出征"的 2 000 多名高级专家和干部，人人都"加薪晋爵"。显然，任正非深谙此道——华为员工 95% 以上都是知识分子，2015 年华为的营业收入是 3 900 亿元，花在员工身上的钱达到了 1 377 亿元。按 17 万员工计算，平均下来，人均年收入超过 80 万元。

可以说，任正非既能用情怀、梦想去激励这些高级专家和干部，让他们拼命干活，也能给足“金元”。按以前华为的经验，凡是到艰苦地区和前线奋斗过且做出好成绩的员工，华为给予的激励超乎所有人想象的丰厚。这就是华为在全球的研发中心能挖走爱立信等顶级公司人才的核心原因。

2 000 多名高级专家和干部被投入一线战场，这意味着腾出了 2 000 多个岗位空缺，由此华为的研发体系被彻底激活。

由于华为的薪酬较为优厚，因而每年的离职率较低，这就可能导致华为出现板结的问题：十几年的老员工比比皆是，甚至可能让年轻员工没有出头的机会，“坑”都被“老干部”占了。

对于华为来说，这种问题的确是一个较为危险的信号。“老干部”在公司总部待的时间长了，很容易形成“山头”。更为危险的是，按照他们的薪资水平，早已相对财务自由，因而缺乏奋斗的动力。

针对此问题，任正非坦言：“不能打仗的主官将会离开岗位，随时准备下台，才能不下台。”这正是任正非进行此次 2 000 多名高级专家和干部调动的重要原因。将“老干部”投入一线岗位，可以让他们重新熟悉用户和市场、探索未知区域、激发出新的活力。而“老干部”一走，年轻员工将大量上位（2 000 多个高级岗位），也给原来的研发体系带来了创新活力。

第 15 章　允许异见

在华为，任正非经常强调：在用人问题上，不要对英雄过于求全责备，要接受有缺点的美。2015 年 3 月，任正非在华为公司的战略务虚会上发表讲话说："对英雄不要过于求全责备，要接受有缺点的美。我曾在汶川抗震救灾的文件上批示'只要过了汶川救灾线，尿了裤子的也是英雄'。一共 427 名员工做到了这一点，都发了金牌。有一点点成绩就是英雄，将来才有千军万马上战场。"

为此，任正非还分析了中国为什么出不了苹果创始人史蒂夫·乔布斯这样的企业家。任正非说道："中国缺少创新、没有原创，主要原因是不尊重知识产权，没有严格的知识产权保护制度，加上社会文化没有包容精神，不鼓励试错，不包容有个性甚至是有一些极端怪癖的人，如苹果的乔布斯、休斯飞机制造创始人休斯都是个性张扬、行事反叛的人，在中国现有文化背景下肯定难以冒出来，因为我们包容不了乔布斯。中国出不了乔布斯，这就导致谁也不愿进行原创，都热衷于抄袭。"

众所周知，史蒂夫·乔布斯在早年就是一个名副其实的吸毒者，浑身充满异味，甚至成为苹果"教父"后，史蒂夫·乔布斯依然经常不洗澡、个性乖张、行事反叛……尽管如此，美国文化给了史蒂夫·乔布斯最大的包容，乃至欣赏。

与美国文化不同的是，在中国文化与社会的土壤中，很难去宽容、包容这样的问题人才。即使在企业管理中，这样的人才往往也被边缘化，这就是中国难以产生史蒂夫·乔布斯这样伟大人物的一个原因。在美国文化中，尤其是硅谷文化中，其癫狂的程度难以想象，媒体也会追捧那些近乎是疯子的狂想家，甚至一些美国媒体对一些异端人才的评价是：如果他成功，人类便成功！

华为要容得下各种异类人

事实证明，世界上成千上万的伟大科学家、艺术家、思想家、企业家……他们都有一些让主流社会难以理解的极端怪癖，如不洗澡，史蒂夫·乔布斯和休斯飞机制造公司的创始人休斯不爱洗澡。在20世纪60年代，休斯被称作美国的“世纪英雄”，是一位典型的疯狂冒险家，同时也是亿万富豪，患有极度严重的幽闭症，其生活放浪不羁……

这样的问题同样困扰过任正非，面对这种类型的一些技术人才，任正非选择了包容。在任正非的观点中，有一个观点叫作“理论的灰度”，即反对“非黑即白”的用人观。任正非十分清楚，有文化洁癖的人，特别是有道德洁癖的人是做不了企业领袖的，因此任正非多次告诫华为人说：“我们不是培养和尚、牧师，我们是一支商业部队，华为要容得下各种异类人。”

很多影视剧经常对一些百年老店管理者关心店员进行特写，这种情景激发了我对传统商业文化的探索。比如电视剧《大宅门》中的一个场景就是白家的管理者——二奶奶告诫接班人白景琦要善待下人，甚至还给了一个被白景琦罚跪的下人二两银子。

在《大宅门》中，这样的镜头非常多。正因为如此，才保证了《大宅门》中白家老号的数百年不倒。现实中的白家老号就是中国著名的百年企业——同仁堂。因此，要想留住骨干员工，必须时刻关心骨干员工的切身利益；否则，骨干员工因为不受重视而另投东家，将使企业失去经多年培养的骨干员工。

阿里巴巴创始人马云在公开场合说道：“当大家都在强调顾客是上帝的时候，我却认为：员工第一，客户第二。没有员工，就没有这个网站，只有他们开心了，我们的客户才会开心。而客户那些鼓励的言语，又会让他们发疯一样去工作，这也使得我们的网站不断地发展。”

在楚汉战争中，刘邦打败了项羽，成为一代帝王。刘邦在建国后的一次庆功会上，曾向群臣解释：“夫运筹帷幄之中，决胜千里之外，吾不如子房（张良）；镇国家，抚百姓，给饷馈，不绝粮道，吾不如萧何；连百万之众，战必胜，攻必取，吾不如韩信。三者皆人杰，吾能用之，此吾所以取天下者也。项羽有一范增而不能用，此所以为吾擒也。”

历史学家指出，刘邦胜利的原因在于刘邦能识人用人，而项羽则不能识人用人。刘邦的说法传承日久，并经过历史的强化而成为他战胜项羽的最佳解释。在我看来，刘邦的胜利是团队的胜利。刘邦建立了一个人才各得其所、才能适得其用的团队；而项羽仅靠匹夫之勇，没有建立起一个人才得其所用的团队，所以失败也是情理之中的事。

在任正非的演讲中，时常提到“歪瓜裂枣”理论。什么是“歪瓜”呢？“歪瓜”是指长得不圆的西瓜。什么是“裂枣”呢？“裂枣”是指表面平滑但有裂痕的大枣。

通常说来，虽然“歪瓜裂枣”外表丑陋，但它们反而比正常的西瓜和枣更甜。在该理论中，任正非把华为公司里一些“歪才”“怪才”

比喻成“歪瓜裂枣”，即那些绩效不错，但在某些方面不遵从华为公司规章的人，尤其是一些技术专家，都有着特别的个性和习惯。

在“2012 实验室座谈会纪要”会议上，时任海思战略技术规划部副部长的王志敏问道：“任总，您好！我是王志敏，来自海思战略技术规划部，这是一个涉及产业链的问题。您刚才提到的战略攻关是我们非常重要的工作之一。半导体行业的战略攻关与后端生产制造非常相关，同时亚太区半导体的产业环境也在完善，在这个特殊的时期和阶段，我们公司是否会把半导体产业的基础做得更加稳固?”

针对王志敏提出的问题，任正非是这样解释的：

> 第一点，我们不能为了获取这个体系的利益而去做半导体产业。半导体的生产是化学问题和物理问题，不是我们的优势，我们的优势就是数据逻辑，就是在软件、电路设计上的数学逻辑。我们即使做了个工厂，做了个 12 英寸的，那么外面做了个 16 英寸的，就把我们抛弃了。我们在制造行业是不可能持续领先的。
>
> 第二点，我们一定要耐得住寂寞，板凳要坐十年冷，特别是基础研究。20 世纪五六十年代的电影演员是没有啥钱的，我曾经听过在 20 世纪 80 年代初期，我们国家顶级的明星刘欢、王刚等从北京到太原的演唱会，“走一次穴”能赚多少钱呢？赚 20 元人民币。但是，怎么能说他们对中华民族的文化就没有贡献呢？我们去俄罗斯的最大感受是什么？就是普希金、屠格涅夫、托尔斯泰等这些人以及俄罗斯的文化、文明，俄罗斯是文化大国，它的文化对整个区域都产生了影响。

任正非补充道：

> 在看待历史问题的时候，特别是看待做基础科学的人，要更

> 多地看到他对未来产生的历史价值和贡献。我们公司要宽容“歪瓜裂枣”的奇思异想，以前一说“歪瓜裂枣”，他们把“裂”写成劣等的“劣”。我说你们搞错了，枣是“裂”的最甜，瓜是“歪”的最甜，虽然他们不被大家看好，但我们从战略眼光上看好这些人。

在任正非看来，华为只有宽容“歪瓜裂枣”的奇思异想，才能活下去。正是任正非的包容，才打造了令世界跨国公司都恐惧的华为。

可能读者会问，如何合理地评价这些人，让这些“歪瓜裂枣”真正发挥自己的价值并获得与其贡献相符的回报?

华为在《管理优化报》中提出：“作为管理者，要在公司价值观和导向的指引下，基于政策和制度实事求是地去评价一个人，而不能僵化地执行公司的规章制度。在价值分配方面，要敢于为有缺点的奋斗者说话，要抓住贡献这个主要矛盾，不求全责备。”

“允许异见，就是战略储备”

在华为内部，任正非一直都在倡导允许异见。例如，余承东自 2010 年出任华为消费者 BG CEO 后，其行事相对较为高调，但又出言不逊，惹得内外风波不断。

当时，由于华为手机几乎全线失败，而风头正盛的小米把华为手机挤压得喘不过气来，这让余承东不堪忍受。为此，余承东坦言：“我的痛苦来自反对声，很多不同的异议，很多噪音，压力非常大。”

在华为内部，余承东曾一度被“禁言”，甚至差点被“下课”。面对消费者 BG 以及余承东的种种非议，任正非却表现出极强的宽容。

在华为内部会议上，任正非讲道：

华为过去是一个封闭的人才金字塔结构，我们已炸开金字塔的塔尖，开放地吸取“宇宙”能量，加强与全世界科学家的对话与合作，支持同方向科学家的研究，积极地参加各种国际产业与标准组织和各种学术讨论，多与能人喝喝咖啡，从思想的火花中感知发展方向。有了巨大势能的积累、释放，才有厚积善发。

内部对不确定性的研究、验证，正实行多路径、多梯次的进攻，以及密集弹药、饱和攻击。蓝军也要实体化，并且不以成败论英雄。我们要从失败中提取成功的因子，总结、肯定、表扬，使探索持续不断。对未来的探索本来就没有“失败”这个名词。不完美的英雄，也是英雄。

鼓舞人们不断地献身科学，不断地探索，使“失败”的人才、经验继续留在我们的队伍里，我们就会更成熟。我们要理解“歪瓜裂枣”，允许黑天鹅在我们的咖啡杯中飞起来。创新本来就有可能成功，也有可能失败。我们要敢于拥抱颠覆。蛋从外向内打破是煎蛋，从里面打破飞出来的是孔雀。

现在的科技进步太快，不确定性越来越多，我们也会从产品开发的确定性工作中，加大对不确定性研究的投入，追赶时代的脚步。我们鼓励几十个能力中心的科学家、数万专家与工程师加强交流，通过思想碰撞，用一杯咖啡吸收别人的火花与能量，把战略技术研讨会变成一个“罗马广场”、一个开放的科技讨论平台，让思想的火花燃成熊熊大火。公司要具有理想，就要具有在局部范围内抛弃利益计算的精神，重大创新是很难规划出来的。固守成规是最容易的选择，但也会失去大的机会。

我们不仅是以内生为主，外引也要更强。我们的俄罗斯数学家更乐意做长期、挑战很大的项目；日本科学家的精细，法国数学家的浪漫，意大利科学家的忘我工作，英国、比利时科学家领导世界的能力……会使我们胸有成竹地在 2020 年将销售收入提高到 1 500 亿美元以上。

面对问题人才，华为需要打破常规，坚持奋斗文化，坚持用最优秀的人去培养更优秀的人。任正非说道：

用什么样的价值观就能塑造什么样的一代青年。蓬生麻中，不扶自直。奋斗、创造价值是一代青年的责任与义务。

我们处在互联网时代，青年的思想比较开放、活跃、自由，我们要引导和教育，也要允许一部分人快乐地度过平凡的一生。

现在，华为奋斗在一线的骨干都是 80 后、90 后，特别是在非洲、中东的疫情、战乱地区，阿富汗，也门，叙利亚……80 后、90 后是有希望的一代。近期，我们在美国招聘优秀中国留学生（财务），他们都要去非洲，去艰苦地区，华为的口号是“先学会管理世界，再学会管理公司”。

我国振兴“中国梦”的基础在教育，而教育的基础在老师。教育要瞄准未来。未来社会是一个智能社会，不是以一般劳动力为中心的社会，没有文化就不能驾驭。若这个时期同时发生资本大规模雇用“智能机器人”，那么两极分化会更严重。此时，有可能西方制造业重回低成本，该产业将转移回西方，我们将空心化。即使我们实现生产、服务过程智能化，需要的也是高级技师、专家、现代农民……因此，我们要争夺这个机会，就要大规模地培养人。

今天的孩子就是二三十年后冲锋的博士、硕士、专家、技师、技工、现代农民……代表社会为人类去做出贡献。因此，发展科技的唯一出路在教育，也只有教育。我们要更多地关心农村教师与孩子，让教师成为最光荣的职业，成为优秀青年的向往，用最优秀的人去培养更优秀的人。

在任正非看来，只有真正地理解“歪瓜裂枣”，允许黑天鹅在咖啡杯中飞起来，华为才有明天。任正非补充说道：“允许异见，就是战略储备！我对自己的批判远比我自己的决定要多。”

其话外之意就是：“你们一边自我批判去，不要老盯着别人的不足，更不要来逼我开掉余承东。”显然，任正非的决策是正确的，后来的余承东最终成就了华为的终端业务。

可以肯定地说，如果没有任正非当初力排众议的支持和包容，除了余承东在“下课”时被贴上“失败者”标签之外，华为的手机业务恐怕仍是雾霾笼罩。

如今的华为手机，可谓是斩获不小。2017 年 5 月，全球知名市场研究公司——GfK 集团发布了 2017 年 4 月中国智能手机零售监测报告。

该报告的数据显示，2017 年 4 月中国智能手机的销量达到了 3 552 万台。其中，华为的销量高达 808. 3 万台，市场份额为 22. 8%；OPPO、vivo 紧随其后分列第二位、第三位，它们的市场份额分别为 16. 5%、15. 9%，曾经独霸中国市场的苹果和三星位居第四位和第八位，与前三强无缘，见表 15 - 1。

表 15 - 1　　2017 年中国智能手机零售前 10 名

排名	企业名称	销量（千台）	市场份额（%）	增长率（%）
1	华为	8 083	22. 8	1. 8
2	OPPO	5 871	16. 5	-0. 6
3	vivo	5 646	15. 9	-0. 1
4	苹果	4 127	11. 6	0. 6

续前表

排名	企业名称	销量（千台）	市场份额（%）	增长率（%）
5	小米	3 967	11.2	1.0
6	魅族	1 259	3.5	-0.4
7	金立	1 239	3.5	0.0
8	三星	833	2.3	-0.3
9	乐视	487	1.4	0.2
10	联想	480	1.4	-0.2

GfK 集团发布的报告数据显示，从市场份额来看，华为、OPPO、vivo 三大品牌以 55.20% 的市场份额，占据了中国智能手机市场的半壁江山。

在这个榜单上，最耀眼的自然是华为，它以 22.8% 的市场份额占比，成为十位数破“2”的唯一手机品牌企业，并以较大优势获得了中国手机市场的销售冠军。

2015 年，华为消费者业务部 CEO 余承东在新年致辞中信心满满地称：“2014 年，华为的消费者业务预计销售收入将超 118 亿美元，同比增长约 30%，华为通过 Mate 7、P7 等系列机型成功地打入了中高端手机序列。”

可以肯定地说：华为消费者业务取得的出色业绩，离不开任正非的允许异见与管理灰度。在华为，类似的事情还有很多。

英雄不问出处，只要适合攻击“上甘岭”

在华为，不仅要宽容员工的缺点，还必须不拘一格用人才。2016 年 1 月，任正非在华为内部市场工作大会上讲话时表示，华为要不拘一格用人才，让胜利的旗帜高高飘扬。任正非讲道：

我们要对各级优秀干部循环赋能，要在责任结果的基础上，大力选拔干部。内生成长永远是我们主要的干部路线。我们要用开放的心胸，引进各种优秀人才，要敢于在他们能发挥作用的方面使用他们。

我们要不拘一格地选拔、使用一切优秀分子，不要问他从哪里来，不要问他有何种经历，只要他适合攻击“上甘岭”（各部门、各专业、各类工作……不要认为只有获取合同才是“上甘岭”）。我们对人才不要求全责备，如果求全责备，人才就选不上来，“完人”也许做不出大贡献。除了道德遵从委员会可以一票否决干部外，对工作中的差错要宽容，不抢答的干部不一定是好干部。看风使舵、跟人站队容易产生机会主义。选拔各级干部要实行少数服从多数的表决制，向上级团队报告应是本团队的集体意见，应告知上级团队中的每一个人。私下与上级团队沟通的内容，以纪要形式再与上、下两级团队沟通。对破格提拔的，推荐人要在两年内承担连带责任。道德遵从委员会一票否决的否决有效期只有6个月，6个月后可以被重新提名；已改正的人，不再被否决，就可以使用。不要随意否定一个冲锋的干部，我们一定要促使千军万马上战场。

在任正非看来，只有用开放的心胸引进各种优秀人才，才能发挥人才应有的作用。究其原因，对于任何一个公司来说，人才都是决定其生存和发展的根基，一旦缺乏人才，那么这样的公司是走不了多远的。

在电视剧《亮剑》中，独立团团长李云龙就善于运用各种人才，这也是他为什么总打胜仗的一个关键点。

对于一个组织来说，人才的来源无外乎三个途径：一是被吸引来的；二是内部筛选出来的；三是用重金挖过来的。

在用人时同样如此，作为八路军独立团团长的李云龙深知人才的重要性，甚至不惜重金聘请。反观李云龙的用人就能很清楚地看到这一点，比如魏大勇，绰号“和尚”，河南登封人，1938 年入伍。在进入抗战队伍之前，魏大勇在少林寺当过十年和尚，练得一身好武艺。

由于日军入侵，作为和尚的魏大勇不得不加入抗战队伍，后来加入中央军第七十二师。“忻口会战”时，魏大勇负伤后被日军俘虏，当魏大勇从日军战俘营逃跑时，被独立团政委赵刚所救。

在独立团养伤期间，魏大勇得知八路军 386 旅独立团团长是李云龙后申请加入。1939 年，独立团在冀北清风店伏击了日军尾田中队，双方比拼刺刀。魏大勇当时被五个日本军人围在中间，处境十分危险，但魏大勇面不改色，最终击毙日军。

该战斗结束后，魏大勇被李云龙从赵刚身边要来做了警卫员，那一年魏大勇刚满 18 岁，但魏大勇的大名便誉满独立团。

在独立团，张大彪的武艺高强，他在战场上是不知疲倦、不怕牺牲、痛击日寇的敢死队队长，在拼杀中的表现良好。

孙德胜是 386 旅独立团骑兵连连长，原为石友三的部下，十二岁时孙德胜父母双亡。孙德胜在路边讨饭快要饿死时，石友三收留了孙德胜。

在石友三投降做了汉奸以后，孙德胜就投奔了八路军。孙德胜说：“孙德胜不是知恩不报的人，十二岁从军，征战沙场十几年，中原大战两次负伤，也算报答了石友三的救命之恩。”

在与李云龙和赵刚的对话中，孙德胜说道：“既然做了军人，就要做个不怕死的军人。国家有难，我们当兵的不上谁上。”

其实，孙德胜原本是八路军新一团的一名步兵，李云龙看到孙德胜后，跟新一团团长丁伟商议，用五挺机关枪换了孙德胜。就这样，孙德胜成为李云龙所带领的独立团的连长。

在李云龙与山崎大队的作战中，没有马的骑兵连在孙德胜的带领下最后一批从阵地冲锋，硬是比其他部队更快地冲到了山崎大队面前，并说出："没有马的骑兵照样比步兵跑得快。"

在1942年的日军大扫荡中，骑兵连被日军的骑兵联队包围，在骑兵连即将全军覆没的情况下，断了胳膊的孙德胜孤身一人大喊着："骑兵连，进攻!"最终，孙德胜倒在了冲锋的路上，并给观众留下了深刻印象。

…………

可以说，李云龙带领部队，不管走到哪里，都不会忘记两件事：一是招兵买马；二是筹备武器装备（工具）。这就是李云龙敢于独自攻打平安县城的关键所在，因为李云龙已拥有一支将近万人的部队。

为此，任正非在内部讲话中说道："我们不要将精英理解为只是金字塔塔尖的一部分，而是存在于每个阶层、每个类别。有工作的地方，就有精英。做面条有面条精英，还有焊接精英、咖啡精英、支付精英、签证精英、仓库精英……我们的政策要覆盖激励所有精英，形成组织合力，千军万马搞好质量、提高效率、增加效益。"

为了有效地激活人才，任正非的方法是："我们要精减非主航道、非战略机会点项目的编制，要千军万马去抢夺战略机会窗开启时期的胜利。我们要的是胜利，不是过程。各主战场的部门，不要排斥从其他项目调整进入的骨干，不要借口他们的专业不合适。"

任正非告诫华为人："颠覆往往都是外行干的，年轻人从事的工作往往与他所学的专业无关，颠覆旧中国的是两个医生。在一些战役的关键时刻，战略预备队打光了，常常是卫生兵、炊事员、理发员、警卫员、通信兵……组成的杂牌部队投入进去，他们是赢得胜利天平的最后一根稻草。各级主管要有全局观，让干部循环流动起来，你不放一些优秀干部走入主战场，让他们失去立功的机会，结果比他们更年轻的人升为将领，他们会真心拥护你吗？你辖区的新生力量没有了晋升机会，他们会拥护你吗？你以为扣住人，你就会成功吗？君不知二十多年来，华为走出去多少优秀青年，留下我们这些'傻子'，他们不走，有我们这些'傻瓜'的机会吗？他们把胜利的光荣让给了我们，我们不是受到家人表扬了吗？我们既然胸怀世界，就要敢于气吞山河，团结一切你不愿团结的人，比如反对过你而且反对了的人，也包括反错了的人。"

在华为，作为任正非干将的余承东同样不拘一格地广纳天下英才，余承东在"华为消费者业务 2018 年 CEO 新年致辞"中说道："不拘一格广纳天下英才，用最优秀的人才队伍构筑各领域的核心能力，营造匹配消费者业务特点的'开放、包容、平等、高效'的文化氛围。"

余承东坦言："这几年我们的产品竞争力已得到明显提升，将来想要更上一个台阶，我们必须围绕零售、渠道、品牌、技术创新、生态、用户经营、云服务、人工智能、流程 IT、精细运营等各领域持续构筑体系化能力。我们将继续高度重视、构筑智能终端安全与隐私保护方面的能力，做行业领先者。"

余承东认为，做行业领先者就需要队伍建设，这是能力构筑的关键。余承东说道："我们要用世界上一切优势的资源、一切先进的工具和方法以及一切优秀的人，成为行业领先者。在用人上，精兵战略是我们不变的方向。我们要聚焦结果导向，干得好的给予快速提拔，不合适的人员坚决淘汰，用优秀的人吸引更多优秀的人，促使队伍组织越来越精悍。带兵打仗的干部们要有学习能力和开拓能力，对行业有深刻洞察，能够把握好作战方向。在管理上，必须责任清晰、减少汇报层级，同时不断完善流程 IT 支撑体系，保障流程运作简洁、业务高效运营。在人才吸引上，我们强调人才工程是一把手工程，各级主管要开放胸怀、提升格局视野，充分认识到人才争夺的重要性和紧迫性，对组建优秀团队和构筑核心能力担责。面向关键领域，我们要在人才高地布局能力中心，重点引入顶尖人才，要让‘业务明白人’去判断人才的专业价值。终端这几年的高速发展，也得益于公司各兄弟部门每年输送上千名管理者、专家至终端的全球各个领域建功立业。英雄不问出处，我们再次诚挚欢迎大家来到这里，挑战全新赛道，实现自我价值的再次飞跃!”

对于新的一年，余承东在致辞中强调：“我们将在华为共同价值观的基础上，进一步加强匹配 2C 业务特点的文化氛围建设。在荣耀单台提成激励变革的牵引下，围绕‘导向冲锋、多打粮食’，进一步简化管理、简化考核，去除形式主义，使文化氛围更简洁高效。尊重差异、开放包容的导向将更多被提倡，要让有个性且实实在在做出贡献的人留得下来，让每位在这里工作的人感受到关怀与尊重，人尽其才。”

第五部分
会当凌绝顶

我认为企业业务不需要追求立刻做大做强，还是要做扎实。能够赚到钱，谁活到最后，谁活得最好。华为在这个世界上并不是什么了不起的公司，其实就是我们坚持活下来，别人死了，我们就强大了。所以，现在我还是认为不要盲目做大、盲目铺开，要聚焦在少量有价值的客户、少量有竞争力的产品上，并在这几个点上形成突破。好比战争中我这个师是担任主攻任务，就是要炸开城墙，那么我打进城也就是前进四百米左右，此时这个师已经消耗得差不多了。接下来，后面还有两个师，然后就突进去了，从四百米突到一公里、两公里左右。接着，再进去三个师，攻城就是这么攻的。所以，我们在作战面上不需要展开得那么宽，还是要聚焦、取得突破。当你们取得一个点的突破时，这个胜利产生的榜样作用和示范作用是巨大的，将这个点的胜利经验在同一个行业复制，你可能会有数倍的利润。

——华为创始人　任正非

第 16 章　重拳反腐

1944 年 3 月 19 日，中国的保家卫国战争依然在继续，一批爱国人士反思历史，高调地纪念明王朝灭亡三百年。《新华日报》连续刊载了作家郭沫若的一篇名为《甲申三百年祭》的文章。

他写道："自然，崇祯的运气也实在太坏，承万历、天启之后做了皇帝，内部已腐败不堪，东北的边患又已经养成，而在这上面更加以年年岁岁差不多遍地都是旱灾、蝗灾。二年四月二十六日，有马懋才《备陈大饥疏》，把当时陕西的灾情叙述得甚为详细，就是现在读起来，都觉得有点令人不寒而栗：臣乡延安府，自去岁一年无雨，草木枯焦。八九月间，民争采山间蓬草而食。其粒类糠皮，其味苦而涩。食之，仅可延以不死。至十月以后而蓬尽矣，则剥树皮而食。诸树惟榆皮差善，杂他树皮以为食，亦可稍缓其死。"

在郭沫若看来，腐败是导致明朝覆灭的根本，再加上各种不稳定因素。

当《甲申三百年祭》这篇文章发表后，毛泽东把《甲申三百年祭》视为"胜利时骄傲"的鉴戒之史论，列入延安整风文献。

的确，当一个组织成长壮大后，腐败就会阻碍其基业长青和永续经营。在任正非看来，华为的生存和发展同样如此。当媒体记者以"您最敬重的公司或者最强大的对手是哪家公司?"为提纲采访任正非时，任正非的回答让记者有些意外。任正非说道："我们的竞争对手就是我们自己。在华为公司前进的途中，没有什么能阻挡我们，能够阻挡我们的，就是内部腐败。最大的竞争者就是我们自己。"

零容忍内部腐败

大量事实证明，任何一个组织之所以被打败，绝不是败于竞争对手，而是败于自己的腐败和官僚体系。的确，腐败会导致一个组织走向灭亡，这是横亘在管理者面前的一道坎。

为了打击腐败，华为高调地召开反腐大会，其目的是重拳严打内部腐败。2014 年 9 月 4 日上午 9 点不到，神色凝重的、来自全国的华为企业业务部的近 200 家经销商，聚集在华为培训基地主培训楼的一楼会议室。

此次召集华为企业业务部经销商的目的是，让他们一起参与首次华为反腐大会。这次会议通报了华为在业务领域内部反腐的情况，并讨论建立一套更为完善的管理制度，解决发生在华为经销商和华为员工之间的行贿受贿问题。

公开资料显示，在进入会议室之前，所有经销商被要求一一签到，华为金牌经销商的代表尤其不能缺席。

当然，华为此次反腐涉及面之广、程度之深前所未有，华为高调地告诫华为人："有必查，查必彻。"据华为内部统计，截至 2014 年 8 月 16 日，已查实内部有 116 名员工涉嫌腐败，其中 4 名员工移交司法处理。在这场反腐败中，竟然有 69 家经销商被卷入其中。

华为管理层在此次召开的反腐大会上讲道："问题非常严重，涉及历任、多人、多家、团伙。"

因为涉嫌受贿，一位华为办事处的负责人在旅游时被抓。为了有效地防范腐败，针对未经查实或尚未暴露的腐败行为，华为提出了自己的新办法——让经销商实名举报。

华为提出，凡存在华为员工（包括已离职的华为员工）收受好处费等类似问题，经销商主动实名举报的，不予追究民事责任；不主动举报的，一经发现，将追究其法律责任，其与华为的未来合作也将受到影响。

当时，特别是在运营商增速放缓以及终端业务增速亦未明朗的情况下，企业业务无疑是华为着力打造的下一个十年的主要利润增长点。华为的财报显示，2013 年华为企业业务实现销售收入 152 亿元，同比增长 32.4%。过去三年的复合增长率达到 35%。

尽管取得了不错的业绩，但华为的长期健康成长还必须凭借一套有效的制度和文化建设。由于企业业务的特殊性，作为代理商，肯定需要通过客户经理争取折扣。

大量事实证明，在企业界，经销商与企业员工互相勾结的情况相当普遍。这样做的结果是，个人可以通过钻公司的漏洞获得最大化的好处，并使公司利益受损。

为此，华为企业业务部对于类似行为的态度是有一个查一个。在此次反腐大会上，华为管理层强调：作为员工，必须诚实劳动，这是作为员工的基本要求，绝不允许一切钻公司漏洞、借职务便利谋取私利的行为。

为此，华为管理层在会上告诫："对内部腐败零容忍，坚决反对，高度一致，腐败没有灰度……要通过'查、处、管、教、法'，使得腐败行为'不敢、不想、不能'，让干部和员工健康成长。"

当然，华为反腐并不只是针对企业业务。华为消费者业务 CEO

余承东给属下员工群发了一封名为《不要掉队》的内部邮件。该邮件的具体内容如下：

亲爱的同事们，时光飞逝，马年转眼过半，我也按惯例晒晒总结。

上半年，我们的销售收入同比增长约30%，利润目标过半。海外市场整体增长良好，拉美北、非洲、东南亚、中亚、南太5个区域领先增长，开放市场与零售能力进步明显。手机D/P系列中高端产品收入增长超100%，智能机FFR上半年低于苹果、三星，更坚定了我们要聚焦精品、向中高端和品牌之路转型。今年“荣耀”手机广受关注，该系列产品的热销，见证了我们在数字营销、电商操盘、线上、线下协同能力上的快速进步。只要开放学习、不断总结，“荣耀”手机会迸发更大的活力。平板、X1、立方、手环等创新产品不断推出，非手机业务（MBB &家庭）已在向2C业务转型。外销芯片业务表现突出，超额完成了半年任务。

回想2011年，我刚来终端，与大家一起经历了业务模式从传统B2B向B2B2C、B2C的艰苦转型，从ODM白牌到华为品牌、从Feature Phone重点转到Smart Phone、从低端扩展到中高端……到今天，我们可以看到，所有的付出与汗水、所有承受的委屈和不理解都是值得的，我们已经走上了一条良性发展的道路。

展望未来12个月的工作，依然是品牌、渠道、零售与供应计划整合几个重点。围绕开放市场的端到端能力构建，当前是我们组织的主要矛盾，特别是营销组织应尽快摆脱在中低端对运营商定制的依赖，加快向中高端营销转变。只有重视核心能力的构建，我们才有可持续发展的未来。

作为领头人，我对业务的未来充满信心，对大家的前途和“钱”途也有信心。我们事业的前景是乐观的，可是近年来却不断看到一些同事因为腐败问题而掉队。每起被查处腐败的当事员工，其人生轨迹、家庭生活完全颠覆，法办坐牢、失去自由后再忏悔，为时已晚。因此，在这次的半年总结中，我想重点与大家谈如何自律、抵制诱惑，防腐败、反腐败。在实现事业梦想的道路上，我不希望大家掉队。

在我们这个年纪，上有老、下有小，每个人身上都是有责任的。华为提供的收入水平，加上我们不让“雷锋”吃亏的激励机制，只要勤奋工作，我们及家庭的生活水平是可以过得有尊严的。我和很多华为主管都是从基层干起来的，到今天，大家不再有衣食之忧，更多地享受工作的快乐与自由，这证明华为的分配机制是公平的。一时贪念，惴惴不安，不义之财终究藏不住，还会吐回，更会坐牢失去自由。是非选择，后果责任，一定要时刻警醒，大家要想清楚。

要知道，触犯法律造成的影响，对家庭的打击是毁灭性的！幸福的家庭可能瞬间破碎，兄弟姐妹们当警醒、当三思。

这些掉队的兄弟们都还年轻，正在事业和人生的黄金时期，因一时贪念身陷囹圄，名誉扫地。很多人是名牌大学毕业，通过层层选拔加入公司，本来是非常优秀的，一旦东窗事发，不仅自己的人品、口碑扫地，更令师长、父母等亲人蒙羞，并使一生蒙上污点。“君子爱财，取之有道”，确实，社会是浮躁了，外部环境有不良影响，但内因还是放松自律、触及了法律底线。

在这里，我也特别想和干部谈谈，你的团队是否会有人掉队？你又应该担负什么责任？管理者绝不能独善其身，你的团队出现较多的腐败或者窝案，一定是你的团队管理出了问题。要反思你对公司核心价值观的宣传是否到位？你的激励是否公平？是否真正贯彻以奋斗者为本？你对业务流程风险的建设是否到位？腐败是消费者业务健康发展的高压线问题。从严管理、预防腐败，本身就是业务的一部分。

公司在BCG问题的处理上，始终“宽严并济”，对于主动申报的员工，将从轻或免于行政处罚，并对申报内容保密。作为消费者BG的CEO，我也无权知道自我申报信息。自我申报不公开，不秋后算账。公司审计稽核主动查处的今后要从严处理，移交司法会是常态。

请已经走错一步的同事们务必停下来认真想一想，让良知战胜侥幸，放下包袱，主动申报是自我救赎的唯一途径。

干部一定要把公司的这些政策与每个员工反复沟通。

“没有什么能阻挡我们前进，唯有内部的惰怠与腐败。”消费者业务是十多年来上万位同事奉献了最宝贵的青春年华，付出了常人难以承受的长年艰辛，才换来了今天的局面，这一切来之不易，来之不易。

2014年7－8月消费者BG将给部分绩优员工及关键人才涨薪，后续视经营情况，将在第四季度进行年度调薪审视。9－10月还将启动TUP/虚拟受限股的激励分配。

我对未来充满信心，请大家珍惜事业机会，用诚实劳动换取合理回报，让人生充满正气和正能量。

余承东

2014年7月

在该邮件中，作为华为消费者业务 CEO 的余承东反省道：近年来，华为消费业务不断出现一些员工因腐败问题而掉队的情况，其中不乏一些名牌大学毕业生，因一时贪念拿了经销商好处费而“身陷囹圄，名誉扫地”。

华为终端业务覆盖华为手机、平板电脑、移动宽带、家庭终端、家庭媒体终端产品和模块产品、智慧企业等解决方案服务。2013 年，华为全年实现销售收入 2 390 亿元，同比增长 8.5%。其中，终端销售收入达 570 亿元人民币，同比增长 17.8%，成为华为增长最快的业务板块。

媒体报道，华为内部腐败多发生在申请产品折扣上。华为产品折扣体系复杂，正常折扣之外还有公司级折扣。

“公司级折扣与正常折扣之间的区别很大”，一位内部人士接受媒体采访时介绍，折扣越大，经销商的获利空间就越大。“为了多拿产品，获得更多产品折扣”，有些经销商开始向华为员工行贿，甚至发展到最后，有的华为员工开始伸手索要好处费。

针对此问题，华为做了大量调查，查实涉及腐败的 69 家经销商中，属于华为员工索贿的有 53 家，主动行贿华为员工的有 16 家。

早在 2013 年年初，华为创始人任正非在董事会自律宣誓大会上就意味深长地指出，公司最大的风险来自内部，“必须保持干部队伍的廉洁自律”。

在媒体公开专访中，任正非强调：没什么可以阻挡华为公司的前进，唯一能阻挡的，“就是内部腐败”。任正非说：“腐败就是毒药。”他在内部也多次表示，如任由腐败发生，不在制度上做更多改进和强化教育，公司就会走向灭亡。

三层防线

2015 年华为的流水是 1 万亿美元，2016 年应该是 1.5 万亿美元左右的流水。任正非表示，每张单据的流水都可能有猫腻，但没有想象的多，这主要还是监管内控的贡献。“当我们的销售收入达到 2 000 亿美元的时候，流水可能达到五六万亿美元，如果这么大的流水还没有出现大问题，那么从正面来看，就是内控做出了很大的贡献。”

任正非认为，监督岗位工作要从成功走向科学化、程序化，改进方法，提高技能；干部离任要审计，在任也要审计；内控、监管不是阻止速度，而是让流程顺畅后的速度更快。

任正非在题为“内外合规多打粮，保驾护航赢未来”的华为监管体系座谈会上的讲话中开篇谈道：“华为公司建立起这支监管队伍不容易。一个组织要有铁的纪律，没有铁的纪律就没有持续发展的力量。华为最优秀的一点，就是将十七万员工团结在一起，形成了这种力量。公司发展这么快，腐败这么少，得益于我们在管理和控制领域做出的努力。虽然在你们眼中仍能看到公司存在这样或那样的问题，但相比我们的业务发展，相比我们的组织规模而言，这些问题已经相对较少，而且处于明显下降的趋势，其中有你们的功劳。”

基于此，任正非提出了自己的看法：“我个人建议在内控、内审、稽查、CEC、法务、信息安全、子公司董事……监督岗位工作的所有员工，只要有三年以上的监管岗位工作经历，就应该给他们每个人发一个奖章，奖牌刻上‘英雄万岁’。不仅是在座各位，前线监管岗位的员工比你们还辛苦，有好事也不能漏掉他们。”

在任正非看来，华为公司不能因为腐败而不发展，也不能因为发展而宽容腐败。任正非的理由是，华为公司发展得越快，管理覆盖就越不足，暂时的漏洞也会越多。面对问题，任正非在题为“内外合规多打粮，保驾护航赢未来”的讲话中介绍，华为因此设置了内部控制的三层防线，具体如下：

第一层防线，业务主管/流程 OWNER 是内控的第一责任人，在流程中建立内控意识和能力，不仅要做到流程的环节遵从，还要做到流程的实质遵从。落实流程责任制，业务主管/流程 OWNER 要真正承担内控和风险监管的责任，95% 的风险要在流程化作业中解决。业务主管必须具备两个能力：一个能力是创造价值，另一个能力就是做好内控。

第二层防线，内控及风险监管的行业部门应针对跨流程、跨领域的高风险事项进行管理，既要负责方法论的建设及推广，也要做好各个层级的赋能。稽查体系聚焦事中，是业务主管的帮手，不要越俎代庖。业务主管仍是管理的责任人，稽查体系是要帮助业务主管管理好自己的业务，以便发现问题、推动问题改进、有效闭环问题。稽查和内控的作用是在帮助业务完成流程化作业的过程中实现监管。内控的责任不在稽查部，也不在内控部，这点一定要明确。

第三层防线，内部审计部是司法部队，应通过独立评估和事后调查建立冷威慑。审计抓住一个缝子，不依不饶地深查到底，旁边碰到了大问题也暂时不管，先沿着这个小问题把风险查清、查透。一个是纵向的，一个是横向的，没有规律，不按大小来排队，抓住什么就查什么，这样就能建立冷威慑。冷威慑就是让大家都不要做坏事，也不敢做坏事。

第 17 章　开放合作

在拓展国际化的过程中，低调的任正非一改过去不接受采访的做法，2014 年 5 月 2 日在英国伦敦，任正非接受了数家媒体的联合采访。面对媒体记者追问的各种热点话题，任正非反复地强调了一个关键词——开放。

在任正非看来，开放是促进进步的力量。华为绝大部分的内部决策都放在网上，这些内容不止公司员工可以看到，外部也可以看到。“我们有些决策也遭到了外部的批评，当别人批评的时候，我们知道决策有错误，就要纠正。”正是因为华为坚持开放，从而促进了华为的高速发展。任正非说：“华为之所以能进步到今天，与华为本身的开放有关。”

告别狭隘，与更多人合作

在当下的商业规律中，只有开放与合作，才能真正地实现共赢，赢得最后的生存机会。华为一直坚持开放心态，绝不因为坚持某些优势而放弃开放。任正非多次强调：“我们一定要建立一个开放的体系，特别是硬件体系更要开放。我们不开放就会死亡。”这样的忧虑足以说明华为对于开放的重视程度。

2012 年 7 月 2 日，任正非与华为“2012 诺亚方舟实验室”专家开展座谈会并回答了与会人员的提问。终端 OS 开发部部长李金喜问任正非：“我来自中央软件院欧拉实验室，负责面向消费者 BG 构建终端操作系统能力。当前在终端 OS 领域，Android、iOS、Windows Phone 8 三足鼎立，形成了各自的生态圈，留给其他终端 OS 的机会窗已经很小，请问公司对终端操作系统有何期望和要求？”

任正非的问答却让李春喜更加诧异：“如果说这三个操作系统都给了华为一个平等权利，那我们的操作系统是不需要的。为什么不可以用别人的优势？在微软总裁、思科 CEO 与我聊天的时候，他们都说害怕华为站起来，举起世界的旗帜反垄断。我跟他们说，我才不反垄断，我左手打着微软的伞，右手打着思科的伞，你们卖高价，我只要卖低一点，也能赚大把的钱。我为什么一定要把伞拿掉，让太阳晒在我脑袋上，我的脑袋上流着汗，而汗滴把地上的小草都滋润起来，小草用低价格与我竞争，打得我头破血流？

我们现在做终端操作系统是出于战略的考虑，如果他们突然断了我们的粮食，Android 系统不让用了，Windows Phone 8 系统也不让用了，我们是不是就傻了？同样地，在做高端芯片的时候，我并没有反对你们买美国的高端芯片。我认为你们要尽可能地用他们的高端芯片，好好地理解它们。这样，当他们不卖给我们的时候，即使我们的东西稍微差一点，也能凑合用上去。

我们不能有狭隘的自豪感，这种自豪感会害死我们。我们的目的就是要赚钱。我们不要狭隘，做操作系统与做高端芯片是一样的道理，主要是让别人允许我们用，而不是断了我们的粮食；断了我们粮食的时候，备份系统要能用得上。”

众所周知，华为之所以能从当年30门、40门模拟交换机的代理商走到今天，是因为华为人拥有将军的长远眼光，否则华为就不能走到今天。在调整的这个过渡时期，华为召唤更多有战略眼光的人走到管理岗位上。

对此，任正非在内部会上坦言："我们看问题要长远，我们今天就是来赌博，赌博就是战略眼光。华为现在做终端操作系统是出于战略的考虑……

我们今天的创造发明不是以自力更生为基础的，我们是一个开放的体系，向全世界开放。作为一个开放的体系，我们还是要用供应商的芯片，主要还是与供应商合作，甚至优先使用他们的芯片。我们的高端芯片主要是容灾用。对于低端芯片来说，用哪个、不用哪个是一个重大的策略问题，我建议大家要好好商量研究。如果我们不用供应商的系统，就可能为华为建立了一个封闭的系统，封闭系统必然要能量耗尽，要死亡的。"

正是因为任正非坚持开放的战略，华为才得以快速发展，其成果非常显著。不论是1976年诺贝尔经济学奖获得者米尔顿·弗里德曼（Milton Friedman）提出的"地球是平的"，还是当下的互联网思维，其共同的特性就是开放、合作，这样才能实现共赢。

在这种情况下，华为的生存和发展也不例外，只有坚持开放、合作，才能赢得客户的认可。一味地挤压合作伙伴来获得发展路径，被任正非称为"黑寡妇"蜘蛛。

"黑寡妇"蜘蛛可能是世界上声名最盛的毒蜘蛛了，其声名远扬并不是因为"黑寡妇"蜘蛛的毒性，主要是因为"黑寡妇"蜘蛛会在交配过程中慢慢吃掉配偶，将其作为自己孵化幼蜘蛛的营养。因此，民间才把这种毒蜘蛛取名为"黑寡妇"。

公开资料显示，“黑寡妇”蜘蛛的身体为黑色，雌蜘蛛腹部有红色的沙漏状图案，雄蜘蛛腹部有红色斑点，身长为 2～8 厘米，这是其标志性特征。

事实上，由于“黑寡妇”蜘蛛的颜色、花纹多种多样，因此颜色、花纹并不是“黑寡妇”蜘蛛之间的唯一区别，我们可以从猎食方法、外形特征、网的编织方式、卵包的形状、躲避场所、体型大小、交配方式等不同角度来区别。有的生物学家从毒性方面来区分雌蜘蛛和雄蜘蛛，因为成体雄性蜘蛛是没有毒腺的。

当然，“黑寡妇”蜘蛛的毒性目前还没有规范的等级。无论属于哪一种“黑寡妇”蜘蛛，当人类被雌性“黑寡妇”蜘蛛叮咬后，死亡的风险只有百分之五。不过，人类被任何一种“黑寡妇”蜘蛛叮咬后，都无法忍受这种剧痛。就算是被“黑寡妇”蜘蛛轻微叮咬，其毒性也会直接影响到中枢神经系统和肌肉组织。一个被“黑寡妇”蜘蛛叮咬过的受害者将立即感到急性的剧烈疼痛，这是因为其毒素直接刺激受害者“过度敏感”的中枢神经系统，并带来其他一些令人不愉快的副反应。

任正非以“黑寡妇”蜘蛛来比喻在企业的发展中，有的经营者依靠一味地挤压合作者的利润来获得发展，其结果是合作者被吃掉。为此，在 2010 年 PSST 体系干部大会上，任正非用“以客户为中心，加大平台投入，开放合作，实现共赢”为题来强化开放、合作，以实现共赢的新思维。

任正非说：“在最近的人力资源管理纲要研讨会上，我讲了要深刻理解客户，深刻理解供应伙伴，深刻理解竞争对手，深刻理解部门之间的相互关系，深刻理解人与人之间的关系，懂得开放、妥协、灰度。我认为，任何强者都是在均衡中产生的。我们可以强大到不能再强大，但是，如果一个朋友都没有，我们能维持下去吗？显然，不能！我们为什么要打倒别人，独自来称霸世界呢？想把别人消灭、独霸世界的希特勒，最后灭亡了。如果华为想独霸世界，最终也是要灭亡的。我们为什么不把大家团结起来，与强手合作呢？我们不要有狭隘的观点，想着去消灭谁。我们与强者之间，既要有竞争，也要有合作，只要有益于我们就行了。”

在任正非看来，开放、合作、实现共赢才是企业经营的终极哲学。华为日渐壮大之后，无疑会遭到行业的批评。为了维护业界的生态，任正非鲜明地做出指示：“华为跟别人合作，不能做‘黑寡妇’蜘蛛。‘黑寡妇’蜘蛛是拉丁美洲的一种蜘蛛，这种蜘蛛在交配后，母蜘蛛就会吃掉公蜘蛛，将其作为孵化幼蜘蛛的营养。此前，华为跟别的公司合作，一两年后华为就把这些公司吃了或甩了。我们已经够强大了，内心要开放一些、谦虚一点，看问题再深刻一些，不能小肚鸡肠，否则就是楚霸王了。我们一定要寻找更好的合作模式，以实现共赢。我们的研发还是比较开放的，但要更加开放，对内、对外都要开放。想一想我们走到今天多么不容易，我们要更多地吸收外界不同的思维方式，不停地碰撞，不要狭隘。”

团结共赢，而不是共输

在华为的内部会议上，任正非曾多次提及开放。可能读者会问，华为为什么要开放？任正非是这样解释的：“华为天生有许多约束条件，民营企业、无资本、无背景、无历史，创始团队中无一人有过企业管理的经验，这些都迫使华为必须走开放之路，尤其是在面对国际市场的时候，自我封闭就会被踢出游戏之外。”

任正非坦言：华为过去就是一个典型的“黑寡妇”蜘蛛的形象，即与华为合作的伙伴没有一个较好的下场，这样的合作态势只会给华为带来越来越多的敌人，而不会带来同盟者。

面对如此严峻的问题，如何解决华为的开放问题就成为任正非不得不迈过的坎。由于一次偶然的出差，受李冰父子修建都江堰的启发，任正非得出了“深淘滩，低作堰”的战略思想：“深淘滩”是指强化管理、挖掘潜力，一个企业不是靠规模、靠物质投入来实现高增长，而是靠人均效率的持续增长。人均效率是个对标，而华为人均效率的持续提高，其衡量指标就是对标。华为与别人还有差距，但要缩小这个差距，就要深淘滩，也就是挖掘自己。“低作堰”是指不到处建拦水坝，把利润与利益相关者进行分享，形成同盟。未来的竞争是产业链的竞争，而不是个体企业的竞争，允许异见就是战略储备。

任正非在座谈会上表示：“华为不开放就要死亡，不能建立封闭的系统。”任正非建立的“2012 诺亚方舟实验室”就是从文化制度、产品层面和组织层面来培养意见，有些意见在目前可能是歪理邪说，在未来可能就是正确的，这就是一种开放；华为实行“鲜花一定要插在牛粪上”的战略，但这个“牛粪”既可以是华为的“牛粪”，也可以是别家的“牛粪”，而不关起门来自娱自乐地搞创新，这就是一种开放心态；创新的导向就是市场成功，市场成功的评价标准是客户需求，华为用了很多年的时间来消灭工程师文化，这也是一种开放。

2012 年 7 月 2 日，任正非与“2012 诺亚方舟实验室”的专家开展座谈会并回答了与会人员的提问。产品工程技术规划部部长刘桑问任正非："我们在面向未来和自主创新的时候应该是特别强调科学民主的精神，但长期以来华为公司属于思想高度对齐、执行力强的管理风格，两者是有一些矛盾的。请问您对于2012诺亚方舟实验室组织氛围的梦想是什么？基于这个梦想，您对管理者和专家分别有哪些期望？"

任正非回答道："第一，我要纠正你的说法，关于自主创新的问题，自主创新就陷死在里面，这是一个封闭系统。我们为什么要排外？我们能什么都做得比别人好吗？为什么一定要自主？自主就是封建的闭关自守，我们反对自主。第二，我们在创新的过程中强调只做我们有优势的部分，对于别的部分，我们应该更多地加强开放与合作，只有这样才能构建真正的战略力量。我们是非常支持异军突起的，但要在公司的主航道上才好，一定要避免建立封闭系统。我们一定要建立一个开放的体系，特别是硬件体系要更开放，我们不开放就会死亡。如果我们不向美国人民学习他们的伟大，就永远战胜不了他们。"

在任正非看来："开放是公司生存下来的基础，如果公司不开放，最终就会走向死亡。开放要以自己的核心成长为基础，华为坚持开放的道路不动摇，开放是我们的出路。华为提出公司的运作是耗散结构，应该让公司在稳定与不稳定、平衡和不平衡间交替进行，这样的公司才能保持活力。公司长期推行的管理结构就是一个耗散结构，有能量一定要把它消耗掉，使我们自己获得一个新生。如果不能开放，这个组织就没有能量交换，就缺乏活力。"

当今的世界是一个开放的世界，任何企业一旦追求封闭，无疑是自寻死路。在20世纪末期，康柏电脑的开放策略打败了不可一世的IBM的封闭战略，谷歌安卓系统的开放打败了微软的封闭战略，华为的开放打败了思科……

在开放的大形势下，任正非在公开场合坦言，华为坚决不做“堂吉诃德”。在遭遇美国的贸易壁垒时，任正非是这样回应的：“多年来，美国的一部分人、一部分媒体长期歪曲、攻击我们，说明我们的美丽已经让他们嫉妒……我们要以此为自豪、为信心，我们要更加投入，使我们美丽、更美丽。平等的基础是力量。”

在 2010 年 PSST 体系干部大会上，任正非告诫华为人：“随着华为的发展壮大，不可能只有喜欢我们的人，还有恨我们的人，因为我们可能导致了很多小公司没饭吃。我们要改变这个现状，要开放、合作、实现共赢，不要一将功成万骨枯。例如，对于国家给我们的研究经费，我们不能不拿，但我们拿了以后，是否可以分给其他需要的公司一部分，把恨我们的人变成爱我们的人。前二十年，我们把很多朋友变成了敌人；后二十年，我们要把敌人变成朋友。当我们在这条产业链上拥有一大群朋友时，我们就只有胜利一条路了。”

在任正非看来，只有开放、合作，才能实现共赢。任正非说道：“‘开放、合作、实现共赢’就是团结越来越多的人一起做事，实现共赢，而不是共输。我们主观上是为了客户，一切出发点都是为了客户，其实最后得益的还是我们自己。有人说，我们对客户那么好，客户把属于我们的钱都拿走了。我们一定要理解‘深淘滩，低作堰’中还有个‘低作堰’，我们不要太多钱，只留着必要的利润，只要利润能保证我们生存下去。把多的钱让出去，让给客户，让给合作伙伴，让给竞争对手，这样我们才会越来越强大，这就是‘深淘滩，低作堰’，大家一定要理解这句话。这样，大家的生活都有保障，就永远不会死亡。”

多把困难留给自己，把利益让给别人

当华为的国际化战略有条不紊地进行时，任正非却在规划着华为的未来。任正非不仅没有因为华为取得节节高的业绩而沾沾自喜，也没有因为超越爱立信而自我封闭。任正非认为，只有学会给盟友分蛋糕，用开阔的心胸看世界，世界才会慢慢都是你的。

2014 年 9 月 5 日，任正非在无线业务汇报会议上说道：“近期，一些运营商的整合对华为是有利的，Nokia 和微软的合并对华为也是有利的。Nokia 将成为世界上最有钱的设备制造商，很有可能就从后进走向先进了。微软最大的错误是只收购了终端，而没有整体并购 Nokia，光靠终端来支撑网络是不可能成功的，一个孤立的终端公司生存是很困难的，所以三星才会拼命反击，从终端走向系统。Verizon 以 1 300 亿美元收购 Vodafone 在 Verizon Wireless 的股权，Google 以 120 亿美元买了 Moto 的知识产权，这都不是小事情，意味着美国在未来的 3 ~ 5 年将掀起一场知识产权的大战。美国一旦翻身以后，它的战略手段是很厉害的。Vodafone 把 Verizon Wireless 的股权卖掉了就有钱了，就不会马上把欧洲的业务卖掉了，华为在欧洲就有生存下来的可能。华为要帮助自己的客户成功，否则没有了支撑点，我们是很危险的。

“未来的流量不全是流在运营商的管道里面，我们要重新认识管道，站在客户的角度考虑问题。什么是我们的客户？我们的客户不仅包括运营商，老百姓也是我们的客户。我们要走向开放，华为很快就是世界第一；如果只想独霸世界而不能学会给盟友分蛋糕，我们就是希特勒，就将以自己的灭亡为下场。不舍得拿出地盘来的人不是战略家，你们要去看看《南征北战》这部电影，不要在乎一城一地的得失，我们要的是整个世界。总有一天，我们会‘反攻’进入美国的。什么叫潇洒走一回？就是光荣地走进美国。”

在华为二十多年的发展中，其初期只顾埋头走路，这就意味着长期自我封闭。在华为日益茁壮之后，这样的做法无疑是行不通的。开放、合作、实现共赢就成为华为不得不面对的问题。

2010 年 12 月，华为对外发布云计算战略以及端到端的解决方案。作为华为领军人物的任正非罕见地出席了面向全球云计算的发布会。在会上，任正非表示：华为通过涉足云计算，让华为更好地实现转变，其基础是开放、合作、实现共赢。

据介绍，华为的云计算战略包括三个方面：第一，构建云计算平台，促进资源共享、效率提升和节能环保；第二，推动业务与应用云化，促进各个行业应用向云计算迁移；第三，开放合作，构筑共赢生态链。

任正非坦言：“如同 IP 改变了整个通信产业一样，云计算技术也将改变整个信息产业。”在任正非看来，开放的云计算战略将会帮助华为与合作伙伴一起，为客户打造最优秀的云计算平台，让全世界所有的人像用电一样享用信息应用与服务。①

华为进军云计算，更是彰显华为开放、合作、实现共赢的转变。任正非介绍道：“华为 20 多年来，从青纱帐里走出来，一个孤独的‘农民’，走在一条曲曲弯弯的田间小路上。”

任正非在发言中也不讳言：“华为多年来像当年的堂吉诃德一样封闭，手拿长矛，单打独斗，跌跌撞撞地走到了今天。当我们打开眼界时，华为已不得不改变自己长期的封闭自我的方式。”

---

① 任正非．让用户像用电一样享受云计算．新浪网，2010－11－30.

为了改变封闭的战略思维，任正非更是强调开放、合作、实现共赢的巨大作用。任正非在回顾华为的发展史时认为，以前华为跟别的公司合作，一两年后华为就把这些公司吃了或甩了，这是“黑寡妇”蜘蛛的做法。而今天华为要改变这个现状，要开放、合作、实现共赢。任正非表示：华为要保持“深淘滩、低作堰”的态度，多把困难留给自己，多把利益让给别人，多栽花少栽刺，多些朋友，少些“敌人”。

任正非强调：要团结越来越多的人一起做事，实现共赢，而不是一家独秀。当然，任正非也期待基于开放的云平台与各行业应用服务合作伙伴携手共创信息产业的未来发展。①

2010 年，华为以优异的业绩跻身世界 500 强。此时的华为更加不会排外，它不仅需要更多的合作伙伴，而且愿意与拥有不同价值观的对手加强合作和理解。

---

① 任正非．让用户像用电一样享受云计算．新浪网，2010－11－30；芮益芳．华为2013 年收入首超爱立信 销售额冲击700 亿美元，2017．http://tech.huanqiu.com/comm/2014-03/4942328.html.

第 18 章　战略聚焦

当媒体和研究者在大篇幅谈论华为的成功时，是否想过任正非二十多年只进攻一个“城墙口”的孤独与寂寞；是否想过如巨浪般的房地产热和股票热对处于初创时期的华为有多少诱惑力；是否想过任正非摒弃“贸工技”而“荡尽家产”地进行“技工贸”战略转型时的抉择心情……

众所周知，媒体和研究者永远都是看客，不管成功与否，他们都可以自圆其说。这样的研究和评论或许是不能成为中国企业的案例范本的。正因为如此，我们才反复了解任正非二十多年只进攻一个“城墙口”的战略思维，以便为中国 4 500 万企业经营者提供一个相对客观、可以借鉴的战略案例。

在接受媒体采访时，任正非是这样解释的：二十多年来，华为坚定不移地只对准通信领域这个“城墙口”冲锋。华为成长起来后，坚持只做一件事，即在一个方面做大。华为只有几十人的时候就对着一个“城墙口”进攻，有几百人、几万人的时候也是对着这个“城墙口”进攻，现在十几万人还是对着这个“城墙口”冲锋。华为用密集炮火进行饱和攻击，每年用 1 000 多亿元的“弹药量”炮轰这个“城墙口”，其中研发投入近 600 亿元，市场服务投入 500 亿～600 亿元，最终在大数据传送上华为领先了世界。引领世界后，华为倡导建立世界大秩序，建立一个开放、共赢的架构，从而有利于世界上成千上万家企业一同建设信息社会。

聚焦在少量有竞争力的产品上

在2013年轮值CEO的新年献词中，任正非坦言：“聚焦战略、简化管理、提高效益”彰显了华为新一年的目的。华为就是要聚焦在自己优势的中央，充分发扬组织的才干，并在主航道上释放员工的客观能动性与发明力，从而产生较大的效益。

在任正非看来，战略聚焦不仅能让华为有效地配置资源，而且能让华为持续、快速、高效地发展。任何一家跨国公司或初创企业都会因为资源不够用而不得不拓展市场。在拓展市场中，资金、人才等战略资源就匮乏了。为此，“现代管理之父”彼得·德鲁克坦言：“没有一家企业可以做所有的事情，即使有足够的钱，它也永远不会有足够的人才。”

在彼得·德鲁克看来，只有战略聚焦，才能有效地配置企业的各种战略资源。在企业管理中，如果企业经营者设定了聚焦点，自然可以把有限的资源整合起来，产生一股巨大的推力。经测算，如果普通产品生产者的利润是15%，那么一种专业化生产的产品，它的边际利润通常可以达到60%～70%。专业化不仅提高了企业参与竞争的优势，把大部分竞争对手挡在门槛外，还大幅降低了成本。①

在任正非看来，如果华为人能坚持“力出一孔，利出一孔”的原则，那么“下一个倒下的就不会是华为”；如果我们放弃了“力出

① 王永德. 狼性管理在华为. 武汉：武汉大学出版社，2010.

一孔，利出一孔”的原则，那么“下一个倒下的也许就是华为”。历史上的大企业一旦过了拐点，进入下滑通道，很少有回头重整成功的。因此华为肯定不甘倒下，所以华为人就要克己复礼、团结一心、努力奋斗。

对于 20 世纪 80 年代初的中国来说，由于中国政府实施了改革开放战略，因而潜力巨大的商业机会遍地都是。可以这样说，在中国从来不缺机会，因为机会数不胜数，压根就忙不过来。在这样的情况下，专注和能够抵制诱惑就成为一个企业的战略抉择。

一直以来，是实施多元化扩张，还是坚持专业化突破，这样的抉择始终困扰着中国的企业家们。一些中小企业在经历过高速的发展后，当企业达到一定规模时，企业对于自己的发展战略就不得不重新审视，而这样的选择就使得中国企业家不得不面对一个最为头痛、最具争议的问题。

尽管这样的争议仍在继续，不过，多元化的成功概率本身就比较低，研究机构经过研究后提供的相关数据显示：通过对 412 家企业样本进行分析，从回报率来说，专业化的经营方式远优于多元化的经营方式。

这样的结论告诉中国的企业家们，并不是所有的企业都可以复制美国通用电气的多元化辉煌。巨人集团创始人史玉柱在多元化失败后反省道：“失败的企业都有一个共同特点，就是没能抵挡住诱惑，战线拉得过长，以致最后出了问题。”

不仅如此，史玉柱为了东山再起，去请教三株创始人吴炳新，而吴炳新曾告诉史玉柱：“天底下黄金铺地，哪个人能够全得?”

为了避免盲目铺开摊子的问题，任正非认为：“企业业务白手创业，目前已取得了一些胜利，但也要聚焦、要盈利，不要盲目铺开摊子。”

在内部讲话中，任正非告诫华为人：“我们贯彻的是获取分享制，就是说你不能老从爹妈那里拿钱，这样是不能持久的。你们白手创业，过去几年时间已走过了极端困难的道路，未来发展已走向比较正确的、比较好的路。你们经历了这种磨难，承担了这么大的压力，也锻炼了很多优秀干部。爸爸、妈妈可以扶持孩子走向市场，但不可能扶一辈子，所以历史上从来都是父母不宠爱的孩子才是最有出息的。公司实际上把你们当成了小狐狸，把你们扔在企业业务这个沙漠里面了，活得下来就是英雄，活不下来我们就把这块业务关掉。刚好，你们这些小狐狸都活下来了，而且有很多成了老狐狸。”

“我并不指望企业业务迅猛发展，你们提口号要超谁超谁，我不感兴趣。我觉得谁也不需要超，就是要超过自己的肚皮，一定要吃饱。你们现在肚皮都没有吃饱，怎么超越别人？我认为企业业务不需要追求立刻做大做强，还是要做扎实、赚到钱，谁活到最后，谁活得最好。华为在这个世界上并不是什么了不起的公司，其实就是我们坚持活了下来，别人死了，我们就强大了。所以，现在我还是认为不要盲目做大、盲目铺开，要聚焦在少量有价值的客户、少量有竞争力的产品上，然后在这几个点上形成突破。好比在战争中，我这个师是担任主攻任务的，就是要炸开城墙，那么我打进城也就是前进四百米左右，此时这个师已经消耗得差不多了。接下来，后面还有两个师，然后就突进去了，从四百米突到一公里、两公里左右。此后，再进去三个师，攻城就是这么攻的。所以，我们在作战面上不需要展得那么宽，还是要聚焦并取得突破。当你们取得一个点的突破时，这个胜利产生的榜样作用和示范作用是巨大的，将这个点的胜利在同一个行业复制，你可能会有数倍的利润。所以说，我们要踏踏实实地沿着有价值的点撕开口子，而不要刚撕开两个口子，就赶快把这些兵调去另一个口子。这样的话，就算你们是希特勒，想要占领全世界，最终也必然是死亡。我还是要强调，目前企业网取得了一些胜利，但不要盲目铺开摊子作战，还是要聚焦在一定的行业、一定的产品范围内，越是在胜利的时候，越别急着盲目行动。我原来也讲过，你们中国区实现了盈利，我允许你们中国区拿一半的利润去开拓市场，去做新市场的补贴、开拓，但要开拓有希望的市场，而不是送到最困难的地方去，你们可以采用这个扩张方法。”

任正非的看法是很有见地的，因为利用有限的资源聚焦在某一范围之内，可以有效地发展和壮大企业的规模。任正非说：“总的来说，我认为拳头握紧才有力量，分散是没有力量的。你们要考虑清楚怎么去突破、怎么去占领的问题，不要来问我要怎么办，我就看你能实现多少盈利。”

在 2013 年轮值 CEO 的新年致辞中，任正非再次阐述了聚焦战略的巨大作用。任正非说：“大家都知道水和空气是世界上最温柔的东西，因此人们经常赞誉水柔风轻。但大家又都知道，火箭可是由空气推进的，火箭喷出的高速气体经过一个叫拉法尔喷管的小孔，能够产生庞大的推力，可以把人类推向宇宙。像美人一样的水，一旦在高压下从一个小孔中喷出来，就可以切割钢板。可见力出一孔，其威力巨大。”

“华为是平凡的，我们的员工也是平凡的。过去，由于我们的考核重共性、轻个性，不注意拉开适当的差距，挫伤了一部分努力创造的人的积极性，有许多优秀人才也流失了。但剩下的我们这些平凡的人，25 年来聚焦在一个目标上持续奋斗，从没有动摇过，就如同是从一个孔喷出来的水，最终产生了今天这么大的成就。这就是力出一孔的威力。”

“力出一孔，利出一孔”

王育琨撰文指出：“华为固守通信设备供应这个战略产业，除了维持公司运营的需要，还为结成更多战略同盟打下了基础。商业竞争有时很奇怪，为了排除潜在的竞争者，花多大血本都不在乎。在通信运营这个垄断性行业，你可以在一个区域获得一小部分收益，可是在更多区域，运营商们会关闭你切入的通道。任正非洞悉了人性的弱点，守护着华为长远的战略利益。”

对于外界不理解他的聚焦战略，任正非曾经自我解嘲地说：“无知使我跌进了通信设备这个天然的全球力量竞争最激烈的角力场，其竞争对手是拥有数百亿美元资产的世界著名公司。这个角力场的生存法则很简单：你必须专注于战略产业。”

众所周知，华为作为一家高科技民营企业，在创建时只有 2 万元注册资金。然而，经过任正非等华为全体员工的艰苦创业，其营业额连年翻番。比如 1993 年为 4.1 亿元，1997 年达到 41 亿元，1999 年突破 100 亿元，2009 年达到 1 491 亿元人民币（约 218 亿美元），2013 年达到 2 390 亿元人民币（约 395 亿美元）。2015 年，华为运营商、企业、终端三大业务的全球销售收入达到 3 950 亿元，同比增长 37%；净利润为 369 亿元，同比增长 33%；经营现金流达到 493 亿元。

华为之所以能够取得火箭般的发展速度，是因为华为发展的核心其实就是毛泽东提出的“集中优势力量打歼灭战”转变成的“聚焦战略”。

这样的聚焦战略在《华为基本法》中可以找到答案。《华为基本法》第 23 条指出：“我们坚持聚焦战略，在成功的关键因素和选定的战略生长点上，以超过主要竞争对手的强度配置资源，要么不做，要做，就集中人力、物力和财力，实现重点突破。”

创业公司要想与实力雄厚的巨型企业战斗，那么集中优势力量打歼灭战的战略优势就凸显出来。在华为创业初期，面对强大的、资金实力雄厚的竞争对手，羸弱的华为肯定实力不足。

在这样的背景下，进行全方位的追赶无疑是自寻死路，任正非决定：华为必须立足于当代计算机与集成电路的高新技术，在此基础之上进行大胆创新。为了支持创新，华为每年都投入 10% 的销售额用于研发，并装备了大批精良的开发设备和测试仪器。不仅如此，华为还积极与国内外一些著名大学、研发机构和重点实验室建立了长期的广泛合作与交流，与国际上知名公司和供应商建立了良好稳定的伙伴关系。①

正是因为任正非集中优势兵力来应对竞争者，华为才取得了一系列突破。如今，华为已跻身于世界少数几家能够提供 CAC 08-STP 数字程控交换机设备的供应商行列，在移动智能网、STP、移动关口局、GPRS 等核心网络方面形成了领先的优势。②

对此，任正非在内部干部会上总结道：“我们把代理销售取得的点滴利润几乎全部集中到研究小型交换机上，利用压强原理形成局部突破，逐渐取得技术的领先和利润空间的扩大，技术的领先带来

①② 王永德. 狼性管理在华为. 武汉：武汉大学出版社，2010.

了机会和利润，我们再将积累的利润投入到交换机升级换代产品的研发中，如此周而复始，不断地改进和创新。尽管今天华为的实力极大地增强了，但仍然坚持压强原理，只在自己最擅长的领域做到业界最佳。”

之所以把战略聚焦作为华为的战略手段，是因为任正非认为：“未来的3～5年是华为抓住‘大数据’的机遇、抢占战略制高点的关键时期。我们的战略要聚焦，组织变革要围绕如何提升作战部队的作战能力。”

在任正非看来，只有战略聚焦，才能提升作战部队的作战能力。任正非告诫华为人：“在我们这个时代，最近的3～5年，对华为至关重要的就是要抢占大数据的制高点。那么，什么是大数据的制高点？我们在东部华侨城会议上已有决议，按决议去理解就行了。不是说那个400G叫制高点，而是任何不可替代的、具有战略地位的地方就叫制高点。那制高点在什么地方？就在10%的企业，10%的地区。从世界范围看大数据流量，在日本是3%的地区汇聚了70%的数据流量；中国国土大，分散一点，10%左右的地区会汇聚未来中国90%左右的流量。那么，我们怎么能抓住这个机会？我认为战略上要聚焦，要集中力量。”

“我们要学会在战略上舍弃，只有舍弃才能取胜。当我们发起攻击时，如果发觉某个地方很难攻、久攻不下，就可以把队伍调整到能攻得下的地方去，我只需要占领世界的一部分，不需要占领全世界。胶着在那儿，可能错失了一些未来可以拥有的战略机会，我们可以以大地区来协调确定合理的舍弃。未来3～5年，可能就是分配这个世界的最佳时机，此时我们一定要聚焦，要抢占大数据的战略制高点。占住这个制高点，别人将来想攻下就难了，我们也就有了明天。大家知道这个数据流量有多恐怖啊，现在图像要从 1K 走向 2K，从 2K 走向 4K，走向高清。小孩拿着手机啪啦啪啦照，不删减，就发送到数据中心，你看这个流量的增加哪是你想象的几何级数啊！是超几何级数的增长！这不是平方关系，而是三次方、四次方关系的流量增长。这样一来，管道要增粗，数据中心要增大，这就是我们的战略机会点。我们一定要拼抢这种战略机会点，所以不能平均使用力量，而是要通过组织改革解决这个问题，也就是要聚焦力量，要提升作战部队的作战能力。企业业务在这个历史性的关键时刻，也要抢占战略制高点。当然，你们也有战略要地，也做了不少好东西。”

事实证明，华为的战略聚焦使得其更加专注于通信行业，从而形成了一股强大的推动力量，让华为如火箭般高速增长。《华为基本法》第 1 条规定：“为了使华为成为世界一流的设备供应商，我们将永不进入信息服务业。通过无依赖的市场压力传递，使内部机制永远处于激活状态。”

对这一条所包含的内容，业界一直是众说纷纭。对此，部分《华为基本法》的编撰者也没能言中要津，甚至很多财经作者的结论其实大谬不然。

清华大学长三角研究院中国企业家思想研究中心主任王育琨在《1 000 亿华为和任正非的六个支点》一文中分析说：“许多公司垮下去，不是因为机会少，而是因为机会太多、选择太多。太多伪装成机会的陷阱，使许多公司步入误区而不能自拔。机会，就是炙手可热的战略资源。但是，并不是所有的战略资源都可以开发成战略产业。有些战略资源能够形成战略产业，有些战略资源则只能为资本运作和战略结盟提供题材及想象空间，却不适于作为一种战略产业来经营。只有那些特别冷静的战略制定者，才不会被冲动和狂热牵着走，才会避开那些伪装成机会的陷阱。中国企业的战略资源本来就不多，战略失误将导致最宝贵的战略资源流失。任正非有着足够的自知，他深知如何区分伪装成机会的陷阱和装扮成陷阱的机会。”①

① 王育琨.1 000 亿华为和任正非的六个支点，2017. http://my. icxo. com/266600/viewspace－80835. html.

第 19 章　天道酬勤

只要研究中国企业的人才管理，就不得不提华为的人力资源管理。在华为，任正非可谓是一个名副其实的“统帅”，他不仅指挥近 20 万人的员工队伍征战全球，同时还解决了华为人由于官僚体系而带来的惰怠。

任正非在华为内部讲话中说道：“要按价值贡献，拉开人才之间的差距，给火车头加满油，让列车跑得更快、做功更多。践行价值观一定要有一群带头人。人才不是按管辖面来评价待遇体系，一定要按贡献和责任结果以及他们在此基础上的奋斗精神。目前，人力资源政策的大方向已确定，下一步要允许对不同场景、不同环境、不同地区的人力资源政策适当差异化。”

任正非解释说：“我把‘热力学第二定理’从自然科学引入到社会科学中，意思就是要拉开差距，由数千中坚力量带动十五万人的队伍滚滚向前。我们要不断激活队伍，防止‘熵死’。我们绝不允许出现组织‘黑洞’，这个黑洞就是惰怠，不能让它吞噬了我们的光和热，吞噬了活力。”

任正非认为，“给火车头加满油”只是一个比喻，即在华为人力资源管理中，必须按价值贡献，拉开人才之间的差距，推动列车做功更多、跑得更快。

基于此，华为就不能按照管辖面来作为其评价人才的待遇体系，而应该按照人才的贡献和责任结果以及他们在此基础上的奋斗精神。

这种做法充分体现了华为践行的价值评价和价值分配的导向。华为一直向优秀的奋斗者倾斜，给“火车头”加满油，让“千里马”真正地跑起来，真正让奋斗者能够分享更多的胜利果实，但这意味着让惰怠者感受到前所未有的来自华为末位淘汰的巨大竞争压力。

任正非在内部讲话中说道：“有成效的奋斗者是公司事业的中坚，是我们前进路上的火车头、千里马。我们要让火车头、千里马跑起来，促进对后面队伍的影响；我们要使公司15万优秀员工组成的队伍生机勃勃、英姿风发、你追我赶。”

从来就没有什么救世主

在华为的国际化中，并没有任何国际化经验可以借鉴，只能凭借自己的艰苦奋斗，在拓展国际市场的过程中摸爬滚打，在残酷的竞争中学习，最终苦尽甘来。

根据华为发布的2015年年报，全球销售收入为3 950亿元，海外收入占比58%。在区域收入占比方面，华为中国区营业收入为1 677亿元，占比42%，在所有区域中占比最高；欧洲、中东、非洲营业收入为1 280亿元，占比32%；美洲区营业收入为390亿元，占比10%；亚太区营业收入为505亿元，占比13%，见图19－1。

为此，任正非在《天道酬勤》一文中写道：“面对我们所处的产品过剩时代，华为人除了艰苦奋斗还是艰苦奋斗，从来就没有什么救世主，也不靠神仙皇帝，要创造我们的幸福，全靠我们自己。”

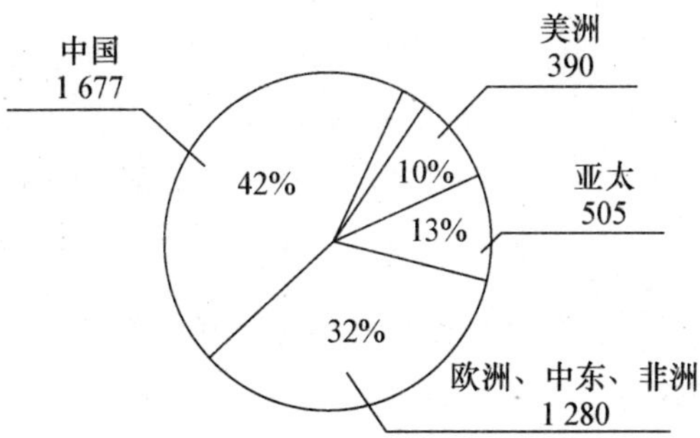

图 19－1　2015 年华为各区域营业收入分布（亿元）

纵观华为的发展历程，其实就是一个艰苦奋斗的过程。华为从一个籍籍无名的深圳小企业，发展成为全球前五大通信设备商，只用了二十多年的时间。

在国际化拓展中，华为的国际化之路也走得艰难而曲折，即华为的国际化是建立在华为人汗水、泪水、艰辛、坎坷与牺牲的基础上的。

在全球的通信市场中，中国通信设备商已经凸显自己的存在，不论是在发展中国家还是在发达国家的运营商设备采购招标活动中，中国通信设备商都以自身的实力打破了中国高科技产品走不出国门的宿命。其中，华为就是较为出色的领军者。

关于华为的国际化，任正非在内部讲话中谈道："华为的成功在于坚持不懈地推进'鸡肋战略'，在西方大公司看不上的盐碱地上，我们一点一点地清洗耕耘，所以我们把网路产品做到了世界第一，这是华为立足的基础。思科的危机在于毛利过高，我们不谋求暴利，才活了下来。此外，这么薄的利润也逼着公司在很窄的夹缝中锻炼了能力，提高了管理水准。"

反观华为的国际化不难发现，华为的国际化是从 1996 年进入中国香港市场开始的。此后，华为从俄罗斯再拓展到非洲、南美、中东等第三世界国家和地区。

从这样的国际化发展顺序可以看出，华为的国际化战略优先考虑了通信设备发展较落后的地区，遵循了一个由浅入深的过程。这就是被业界称为“农村包围城市”的国际化战略。华为正是选择了这样的国际化路径，给华为的旗开得胜打下了坚实的基础。

正是在“农村包围城市”的国际化战略背景下，俄罗斯和拉美市场成了华为的国际化目标市场。

公开资料显示，早在 1994 年，华为就有意拓展俄罗斯这块蓝海市场。此后，华为积极地组织了数十个代表团访俄，前后达到数百人次。其间，华为也邀请俄罗斯代表团数次访问华为。

在经过充分准备后，特别是在俄罗斯积蓄了 3 年的市场力量后，华为才发起冲锋。尽管如此，华为对能否打开俄罗斯电信市场依然没有百分之百的把握。

华为与任何一个致力于国际化的企业一样，在拓展国际市场的初期也走了很多弯路。华为当初的销售人员介绍说：“1996 年负责客户线的员工刚开始去的时候，一个地方一去就是两个星期，连个客户的影子都看不到，更不用说介绍产品了。”

1997 年，由于俄罗斯经济陷入低谷，迟迟不能走出经济危机，再加上卢布贬值，其经济形势一泻千里。在当时，诸如 NEC、西门子、阿尔卡特等国际通信巨头纷纷溃逃，甚至还从俄罗斯市场撤资。

正是在没有对手的背景下，加上俄罗斯市场缺乏市场主角，华为才有了一次“搭台唱戏”的绝好机会。

时任华为独联体地区部总裁的李杰就是在这种条件下被派往俄罗斯市场的。李杰介绍称：1998 年，俄罗斯的天气倒是不冷，可是通信市场实在太冷了，而且紧接着发生的一场金融危机，使俄罗斯整个电信业都停滞下来。

李杰回忆道："有在打官司的，有在清理货物的，官员们走马灯似地在眼前晃来晃去，我不仅失去了嗅觉，甚至视线也模糊了。那时，我唯一可以做的就是等待，由一匹狼变成了一头冬眠的北极熊。"

同年，作为拓展俄罗斯市场主将的李杰几乎颗粒无收，一无所获。除了与俄罗斯积极沟通外，就是告诉合作者，华为还在坚守俄罗斯市场。

1999 年，经过一系列努力的李杰仍然毫无进展，同样一无所获。在日内瓦世界电信大会上，任正非对李杰说道："李杰，如果有一天俄罗斯市场复苏了，而华为却被挡在了门外，你自己看着办。"在接到任正非的进攻指示后，李杰马不停蹄地开始在当地组建营销队伍，将这些营销人员培训后送往俄罗斯的各个地区市场。

经过多方努力，华为以此为基础建立了合资企业——贝托华为。在不断的拜访客户中，李杰一行认识了一些俄罗斯运营商的管理层。经过了解和频繁沟通后，华为与运营商的信任终于得以建立，形成了当时最主要的客户群。

在艰难的起步阶段，俄罗斯国家电信局给予华为一张只有区区 12 美元的订单。尽管如此，华为依然锲而不舍地坚持投资俄罗斯市场。

普京就任俄罗斯总统后，开始全面整顿俄罗斯的宏观经济，使得俄罗斯经济"回暖"。与俄罗斯沟通几年的华为，终于抢在其他竞争者前面，赢得了俄罗斯政府新一轮采购计划的头班车车票。

此后，华为屡获战绩——2001 年，华为与俄罗斯国家电信部门签署了上千万美元的GSM设备供应合同。2002年年底，华为又取得了3 797公里超长距离320G的从圣彼得堡到莫斯科国家光传输干线（DWDM系统）的订单。2003年，华为在独联体国家的销售额一举超过3亿美元，位居独联体市场国际大型设备供应商的前列。①

以奋斗者为本

华为之所以能够成功地拓展俄罗斯等国的市场，一个重要的因素就是华为人的艰苦奋斗。从这个角度来看，对于任何一个企业来说，要想在企业丛林中生存和发展，以奋斗者为本就是一个有效的手段。

华为始终强调“以奋斗者为本，长期坚持艰苦奋斗”，甚至把竞争者喝咖啡的时间都用在把工作任务执行到位上。

这个被很多企业经营者认为是老掉牙的管理手段却被任正非发挥到了极致。他不仅将“以奋斗者为本，长期坚持艰苦奋斗”作为华为的核心价值观文化，还以极大的热忱和意志力将之传播开来。

由于任正非体会过人生的艰辛和挫折，自然也从上一辈那里继承了艰苦奋斗的精神意志。对此，任正非在内部讲话中谈道：“中国人从上一代继承的只有贫困与传统美德，要改变自己的命运，要改变组织的命运，只有一个选择——艰苦奋斗。”

为此，任正非将“以奋斗者为本，长期坚持艰苦奋斗”作为华为的核心价值观文化，同时该价值观也贯穿在《华为基本法》中。

---

① 李超，崔海燕．华为国际化调查报告．IT时代周刊，2004（10）．

正是因为华为坚持“以奋斗者为本，长期坚持艰苦奋斗”，所以华为获得了长期的高增长。如今，在华为已经可以放缓脚步的情况下，危机意识浓厚的任正非看到了华为未来可能遭遇的发展瓶颈，屡次强调华为人要“艰苦奋斗”。

任正非认为，艰苦奋斗必然带来繁荣，繁荣以后不再艰苦奋斗，必然丢失繁荣。在任正非看来，华为人不能光要奋斗，以奋斗者为本，还必须给奋斗者关爱。也就是说，让员工享受到自己奋斗的成果，是真正的以奋斗者为本，同时让奋斗者享受到奋斗的成果，就是共享。

2014 年，中央政府提出了一个新的概念——新常态，即中国经济从高速增长转入中高速增长已是一个常态化的趋势。这样的趋势无疑带给了中国企业一个非常棘手的问题——中国企业进入了一个危机四伏的充满不确定性的年代。不确定性是指中国企业的经营者没办法预测未来，也不能准确地判断未来。

当然，中国企业要想在这种不确定性危机中实现增长，除了艰苦奋斗，还是艰苦奋斗。正如任正非所言：“不奋斗，华为就没有出路。”

华为为什么能活到今天？华为将来靠什么活下去？在任正非看来，除了艰苦奋斗，还是艰苦奋斗。只有艰苦奋斗，才是中国企业打败国际跨国公司的一个有效手段，只凭借下决心和喊口号是永远不够的。

可能会有企业家反对这样的观点，他们的论据是在中国改革开放前 30 年，很多企业经营者根本就不需要艰苦奋斗，他们生产的产品供不应求，于是就自认为经营水平较高。其实，这部分企业经营者莫名其妙地把事情做对了。因为中国改革开放前 30 年的市场是完全增长的市场。现如今，中国企业遭遇的最大变化就是外部市场不再增长，甚至还有可能正在急剧萎缩。在这个背景下，企业经营者选择艰苦奋斗就显得非常重要。

如今，中国的市场已经步入产品过剩、顾客不足的时代。这样的彻底改变意味着传统企业主导消费的时代已经结束了，而顾客时代正式宣告开始，究其原因是顾客决定企业价值，而不是由企业来决定企业价值。也就是说，企业必须判断顾客需要何种产品，而不是企业能生产什么产品。要完成这样的转变，除了艰苦奋斗，还是艰苦奋斗。

古人云："艰难困苦，玉汝于成。"但凡一个取得了非凡业绩的企业都不可能一帆风顺，必定饱经风霜、卧薪尝胆，方可到达胜利的彼岸。作为中国高科技企业的华为也不例外，它的成长过程无疑充满了坎坷和荆棘。

在国际化的过程中，华为遭遇了思科等跨国企业的多次阻击。很多中国企业的经营者可能无法想象这样的残酷竞争，但华为面对的是各发达国家的世界级跨国企业，有的拥有几十年甚至一百多年的资金和技术积累，有的拥有欧美数百年来发展形成的工业基础和产业环境，有的拥有世界发达国家的商业底蕴和雄厚的人力资源、社会基础，有的拥有世界一流的专业技术人才和研发体系，有的拥有雄厚的资金和全球著名的品牌，有的拥有深厚的市场地位和客户基础，有的拥有世界级的管理体系和运营经验，有的拥有覆盖全球客户的庞大的营销和服务网络……

面对差距如此巨大的竞争格局，面对世界级跨国企业如此完善的技术以及经营多年后形成的市场壁垒，摆在华为面前的只有艰苦奋斗一条路可走，几乎没有任何捷径。

在华为的内部会议上，任正非介绍了华为人为了打败世界级跨国企业而艰苦奋斗的精神：“十八年来（2006 年），我们公司高层管理团队夜以继日地工作，许多高级干部几乎没有什么节假日，所有的主管 24 小时不能关手机，随时随地都在处理发生的问题。现在，由于全球化后的时差问题，他们总是连轴转地处理事务和开会。我们没有国际大公司积累了几十年的市场地位、人脉和品牌，没有什么可以依赖，我们只比别人多一点奋斗，只能在别人喝咖啡和休闲、健身的时间里都忘我努力地工作；否则，我们根本无法追赶上竞争对手的步伐，根本无法缩小与他们的差距。”

事实证明，对于任何一个中国企业来说，没有艰苦奋斗的精神作支撑，该企业是难以长久生存的。即使是由乐显扬创建于中国清朝康熙八年（1669 年）的、自创办到公私合营历经约 300 年、传承了 10 代的同仁堂，依然饱经沧桑。在大约 300 年的发展中，乐家及同仁堂至少有上百年的时间处于常常遭遇经营困境的状况中。由于坚持艰苦奋斗等精神，同仁堂这个家族企业才存续了下来。

可以肯定地说，不管是国家还是企业，艰苦奋斗都是一个取得胜利的关键因素。2002 年 12 月 6 日，胡锦涛总书记在西柏坡发表的重要讲话中谈道：“中华民族历来以勤劳勇敢、不畏艰苦著称于世。我们的古人早就讲过，‘艰难困苦，玉汝于成’，‘居安思危，戒奢以俭’，‘忧劳兴国，逸豫亡身’，‘生于忧患，死于安乐’，等等。这些警世名言对我们仍有重要的启示作用。历史和现实都表明，一个没有艰苦奋斗精神作支撑的民族，是难以自立自强的；一个没有艰苦奋斗精神作支撑的国家，是难以发展进步的；一个没有艰苦奋斗精神作支撑的政党，是难以兴旺发达的。”

同样，一个没有艰苦奋斗精神作支撑的企业，也是难以长久生存的。在华为，任正非多次在内部会议上强调艰苦奋斗的重要。任正非说道："我们现在有些干部、员工沾染了娇骄二气，开始乐于享受生活，放松了自我要求，怕苦怕累，对工作不再兢兢业业，对待遇斤斤计较，这些现象大家必须防微杜渐。不能改正的干部，可以开个欢送会。全体员工都可以监督我们队伍中是否有人（尤其是干部）懈怠了，放弃了艰苦奋斗的优良传统，特别是对我们高层管理者。我们要更多地寻找那些志同道合、愿意与我们一起艰苦奋斗的员工加入我们的队伍。我们要唤醒更多的干部、员工认识到艰苦奋斗的重要意义，以艰苦奋斗为荣。"

在任正非看来，华为不仅要强调勤奋，也要巧干。这就是要通过坚持不懈的管理改进和能力提升，提高华为的工作效率和人均效益。这些年来，华为一直在流程、组织、IT 建设等方面持续地变革和优化，努力推动管理改进，甚至取得了不错的效果。不过，与欧美的跨国企业相比，华为在全球化管理体系的成熟度以及管理者的自身经验和能力上，仍然存在巨大的差距。

为此，任正非形象地说："我们从青纱帐里出来，还来不及取下头上包着的白毛巾，一下子就跨过了太平洋；腰间还挂着地雷，手里提着盒子炮，一下子就掉进了 Turnkey（一站式方案）工程的大窟窿里……我们还无法做到把事情一次做正确，很多工作来不及系统思考就被迫匆匆启动。"

任正非有这样的看法，源于华为的管理效率低下，这就造成了华为压力大、负荷重。面对国际化的残酷竞争，任正非坦言："我们必须提升对未来客户需求和技术趋势的前瞻力，未雨绸缪，从根本上扭转我们作为行业后进者所面临的被动挨打局面；我们必须提升对客户需求理解的准确性，提高打中靶心的成功率，减少无谓的消耗；我们还要加强前端需求的管理，理性承诺，为后端交付争取到宝贵的作业时间，减少不必要的急行军；我们要提升在策划、技术、交付等各方面的基础积累，提升面对快速多变市场的准备程度和响应效率。我们做任何事情都要有好的策划，谋定而后动，要善于总结经验教训并在组织内传播共享。”

任正非补充说道：“华为数万名员工历经千辛万苦才取得今天的一点进步，但我们始终认为华为还没有成功。华为的国际市场刚刚有了起色，然而它所面临的外部环境比以往更严峻。全球超过 10 亿用户使用华为的产品和服务，我们已进入了 100 多个国家，在海外很多市场刚爬上滩涂，但随时会被赶回海里；网络和业务在转型，客户需求正发生深刻变化，产业和市场风云变幻，刚刚积累的一些技术和经验又一次面临自我否定。在这历史关键时刻，我们绝不能分心、不能动摇，不能因为暂时的挫折、外界的质疑，动摇甚至背弃自己的根本；否则，我们将自毁长城，全体员工十八年的辛勤劳动就会付之东流。无论过去、现在还是将来，我们都要继续保持艰苦奋斗的作风。”

究其原因，华为作为一个正处在海外开拓征途中的中国高科技企业，其历程注定是艰难的，但意义也是非同寻常的。对此，任正非说道：“幸福不会从天降，全靠我们来创造，天道酬勤。”

“不奋斗，华为就没有出路”

纵观华为的发展史，任正非之所以把艰苦奋斗视为华为文化的魂、华为文化的主旋律，与华为自身的发展有关。

20 世纪 90 年代，华为刚刚创业没多久，手头没有足够的流动资金。在这样艰难的日子里，华为人把自己的工资、奖金投入到公司研发中去，每个人只能拿到很微薄的报酬，发工资经常打白条，绝大部分干部、员工长年租住在农民房，用有限的资金购买原材料和实验测试用的示波器。

由于资金、技术各方面都匮乏，在任正非的领导下，华为人咬牙把鸡蛋放在一个篮子里，依靠集体奋斗、群策群力、日夜攻关，通过重点投入、重点突破，终于研制出了华为的第一台通信设备——数字程控交换机。

正因为如此，才形成了华为人尽皆知的“床垫文化”。在中国企业界，华为有几个标签，其中就有“床垫文化”。或许让很多读者想不到的是，与很多企业员工下班就急于回家不同的是，华为员工愿意主动加班，甚至还把垫子带到办公室。

查阅华为的历史可知，在创业初期，华为新员工报到时，要先到总务室领取一条毛巾被和一个床垫。这主要是方便员工在午休时席地而卧，既方便，又非常实用。

由于工作任务繁重，华为人为了更快地研发新产品，甚至加班到深夜。很多人不愿意回到宿舍休息，就把床垫铺开，累了就睡，醒来后继续工作。

为此，华为人自豪地说道：“‘床垫文化’意味着从早期华为人身上的艰苦奋斗，发展到现在思想上的艰苦奋斗，构成华为文化一道独特的风景。”

例如，华为员工张云飞被任正非誉为“软件大师”。在华为工作期间，张云飞一直主持软件开发。在加盟华为的早期，张云飞工作、睡觉几乎都在办公室。在一个大办公室靠墙的地上，铺着十几个床垫，类似一个大通铺。

据张云飞介绍，在华为就职期间，没有人规定上下班时间，但人人都加班到深夜。当其他人睡觉后，张云飞把每个人修改的代码审查一遍，然后重新整合在一个版本里，再上机测试验证后发布出来……此时，差不多天也亮了，而张云飞才去睡觉。正是这样的奋斗，为华为跻身世界顶级企业打下了基础。

当“奋斗”成为华为文化后，一些负面新闻也随之而来。2006 年 6 月，25 岁的工程师胡新宇不幸因病去世。公开资料显示，胡新宇 2005 年毕业于成都电子科技大学，硕士学历，毕业后加盟华为，主要从事研发工作。胡新宇在因病住院以前，经常加班加点，甚至是打地铺过夜。

许多大媒体刊载了胡新宇病故的新闻，甚至有些媒体将胡新宇的病故评为“过劳死”，如《纪念胡新宇君》《天堂里不再有加班》《华为员工的命只值一台交换机的钱》等文章，这样的报道无疑将华为推向了舆论的风口浪尖。

在外界声讨“床垫文化”时，一些媒体针对华为个别员工的死亡事件，铺天盖地地指责华为的“床垫文化”和奋斗精神。

针对媒体的指责，任正非的解释是：“创业初期，我们的研发部从五六个开发人员开始，在没有资源、没有条件的情况下，秉承（20 世纪）60 年代‘两弹一星’艰苦奋斗的精神，以忘我工作、拼命奉献的老一辈科技工作者为榜样，大家以勤补拙、刻苦攻关、夜以继日地钻研技术方案，开发、验证、测试产品设备……没有假日和周末，更没有白天和夜晚，累了就在地板上睡一觉，醒来接着干，这就是华为‘床垫文化’的起源。虽然现在的床垫主要是用来午休，但创业初期形成的‘床垫文化’，记录的是老一代华为人的奋斗和拼搏，是我们宝贵的精神财富。”

为了应对这次来势汹汹的危机事件，时任华为公司新闻发言人的傅军在接受媒体采访时沉痛地说：

胡新宇是一名很优秀的员工，他在工作、生活中都表现得很出色，深受同事们的喜爱。他发病之后，公司的领导一直非常关注，指示要保证他的治疗费用，要不惜一切代价抢救，还从北京请来专家进行会诊。在他住院期间，很多同事都去探望并自发捐款希望能留住他，公司上下都为他的不幸去世感到痛心，为新宇的父母失去这样优秀的儿子感到惋惜，对胡爸爸和胡妈妈致以真诚的慰问。在与家属沟通协商后，公司给予胡新宇家属一定数额的抚恤金。

虽然专家诊断的结论是，胡新宇的去世跟加班没有直接的因果关系，但加班所造成的疲劳可能会导致免疫力下降，给了病毒可乘之机。所以，在这件事情发生之后，公司再一次重申了有关加班的规定："第一，加班至晚上 10 点以后，要领导批准；第二，严禁在公司过夜。"

IT 行业的竞争很激烈，甚至很残酷，在华为面向全球的拓展中，有一些客户的要求需要得到快速满足。因此，一些团队和小组需要通过短期加班来快速响应，这不仅仅在华为，在 IT 业界都是较为普遍的现象。

即使需要加班，在加完班之后，按公司规定，加班的员工可以随后进行调休，公司也给员工发了温馨提示，希望大家关注身体健康，做到劳逸结合。

公司的第一代创业者就像当年美国硅谷的创业者一样，经常挑灯夜战，甚至在公司过夜，这对当时处于创业期的华为来说是必要的，但创业期和发展期不一样。自 1996 年后，用床垫在公司过夜的情况非常少了。虽然几乎每个员工都有床垫，但那是用来午休的，不是用来在公司加班过夜的。①

尽管华为公司新闻发言人傅军解释了“床垫文化”，并告知媒体网友误解了“床垫文化”，但“胡新宇事件”拉开了批判华为“床垫文化”的浪潮。

在媒体气势汹汹的声讨中，昔日曾笼罩在层层光环下的“狼性文化”被质疑和批判，因为媒体将矛头对准了华为的企业文化，将“床垫文化”等同于“狼性文化”，认为这种只顾进攻而不顾及人性的文化已不合时宜。但是，一个不为大众所知的事实是，任正非从2000年开始就不怎么提“狼性文化”了。而“床垫文化”属于华为艰苦奋斗精神的重要组成部分，它是华为文化的魂，是华为之所以能走到今天的最重要推力，是华为无论何时何地都必须坚持的重要文化。②

在“胡新宇事件”发生两年多后，任正非在华为市场大会上说道：“有人不是在炒作以奋斗者为本、炒作华为的奋斗吗？我说奋斗怎么了？我们是在向共产党看齐，为实现共产主义而奋斗终身，为了祖国实现四个现代化而奋斗，为了把自已的家乡建设得比北京还美而奋斗，生命不息、奋斗不止。”

在任正非看来，伟大的公司不仅需要低调，而且必须艰苦奋斗，因为艰苦奋斗是华为文化的魂，是华为文化的主旋律。

在《天道酬勤》一文中，任正非回应了媒体的批评。任正非

---

① 叶志卫，吴向阳. 胡新宇事件再起波澜 华为称网友误解床垫文化. 深圳特区报，2006-06-14.

② 龚文波. 任正非如是说：中国教父级 CEO 的商道智慧. 北京：中国经济出版社，2008：191-196.

说道：

华为走到今天，在很多人眼里已经很大了、很成功了。有人认为创业时期形成的“床垫文化”、奋斗文化已不合适了，可以放松一些，可以按部就班，这是危险的。繁荣的背后都充满危机，这个危机不是繁荣本身必然的特性，而是处在繁荣包围中的人的意识。艰苦奋斗必然带来繁荣，繁荣后不再艰苦奋斗，必然丢失繁荣。“千古兴亡多少事，不尽长江滚滚来”，历史是一面镜子，它给了我们多么深刻的启示。我们必须长期坚持艰苦奋斗，否则就会走向消亡。当然，奋斗更重要的是思想上的艰苦奋斗，时刻保持危机感，面对成绩保持清醒的头脑，不骄不躁。

艰苦奋斗是华为文化的魂，是华为文化的主旋律，我们任何时候都不能因为外界的误解或质疑动摇我们的奋斗文化，我们任何时候都不能因为华为的发展壮大而丢掉了我们的根本——艰苦奋斗。

在文中，任正非继续写道：

华为在茫然中选择了通信领域，这是不幸的。这种不幸在于，在所有行业中，实业是最难做的，而在所有实业中，电子信息产业是最艰险的；这种不幸还在于，面对这样的挑战，华为既没有背景可以依靠，也不拥有任何资源，因此华为人尤其是领导者将注定为此操劳终生，要比他人付出更多的汗水和泪水，经受更多的煎熬和折磨。唯一幸运的是，华为遇上了改革开放的大潮，遇上了中华民族千载难逢的发展机遇。虽然公司的高层领导都经历过最初的岁月，在意志上受到了一定的锻炼，但都没有领导和管理大企业的经历，直至今天仍然是战战兢兢、诚惶诚恐的，因为十余年来他们每时每刻都切身感悟到做这样的大企业有多么难。多年来，唯有更多身心的付出，以勤补拙，牺牲了与家人团聚、自己的休息和正常的生活，牺牲了平常人都拥有的很多亲情和友情，销蚀了自己的健康，经历了一次又一次失败的沮丧和受挫的痛苦，承受着常年身心的煎熬，以常人难以想象的艰苦卓绝的努力和毅力，才带领大家走到了今天。

…………

中国是世界上最大的新兴市场，因此世界巨头都云集中国。公司创立之初，就在自己家门口碰到了全球最激烈的竞争，我们不得不在市场的狭缝中求生存；当我们走出国门、拓展国际市场时，放眼一望，所能看到的良田沃土早已被西方公司抢占一空，只有在那些偏远、动乱、自然环境恶劣的地区，它们的动作稍慢、投入稍小，我们才有一线机会。为了抓住这最后的机会，无数优秀的华为儿女离别故土、远离亲情、奔赴海外，无论是在疾病肆虐的非洲，还是在硝烟未散的伊拉克，或者海啸后的印度尼西亚，以及地震后的阿尔及利亚……到处都可以看到华为人奋斗的身影。我们有员工在高原缺氧地带开局，爬雪山、越丛林，徒步行走了8天，为服务客户无怨无悔；有员工在国外遭歹徒袭击，头上缝了三十多针，康复后又投入工作；有员工在飞机失事中幸存，在惊魂未定时又救助他人，赢得当地政府和人民的尊敬；也有员工在恐怖爆炸中受伤或几度患疟疾，康复后继续坚守岗位；我们还有三名年轻的非洲籍优秀员工在出差途中因飞机失事不幸罹难，永远地离开了我们……

十八年的历程，十年的国际化，伴随着汗水、泪水、艰辛、坎坷与牺牲，我们一步步艰难地走过来了，面对漫漫长征路，我们还要坚定地走下去。

我们翻阅资料后发现，《天道酬勤》一文刊发在华为公司内部刊物《华为人报》（第178期）2006年7月21日的头版头条上，任正非在文中回顾了华为艰苦奋斗的传统和不断积极进取的危机意识，再次重申了华为“不奋斗，华为就没有出路”的指导思想。

有研究者甚至认为，该文也是对网络热炒“过劳死”“床垫文化”等指责的非正式回应，同时在内部员工层面实现了高度统一的认识。随着这篇文章的很快流传，华为对“艰苦奋斗”精神的坚持很快赢得了社会公众的支持，而原先喧嚣于网络的指责之声也日渐沉寂。一场公关危机从万夫所指到后来的逐渐平息，显示了任正非在处理企业危机时的果敢与坚决。①

奋斗文化薪火相传下去

众所周知，正是有了老一代华为人“先生产，后生活”的奉献，华为才挺过了最困难的激情燃烧岁月，华为的生存和发展才有了支撑，才有了今天步入世界500强企业的华为。

任正非在内部讲话中回忆道：“一直到2001年，我们才拿出了所获得利润的一部分来改善员工的生活，让部分员工解除了基本生活上的后顾之忧。”

---

① 龚文波．任正非如是说：中国教父级CEO的商道智慧．北京：中国经济出版社，2008．

正是因为华为人的艰苦奋斗，资金和技术缺乏的华为才打败了实力雄厚的跨国企业。在发展的路径中，由于华为没有可借鉴的技术，无可避免地在解决方案的理解上不准确，无可避免地在设计、实现上存在幼稚和缺陷。

任正非举例说道："1998 年，交换机用户板因为设计不合理，导致对全网一百多万块用户板进行整改；2000 年，因为光网络设备的电源问题，为了对客户负责和保持诚信，我们从网上回收、替换了二十多万块板子，这些板子在仓库里堆积如山，造成了十几亿元的损失；由于我们对西欧某运营商的客户需求理解偏差大，造成无法及时交付，只能按合同赔偿；亚太的一个移动运营商选择了我们的彩铃系统，但由于工期极其紧张，导致工程质量低，造成诸如鸳鸯线等低级错误，给客户造成了很大影响；由于 VPN 系统没有考虑逃生设计，因而局部故障导致了系统中断，使客户无法使用；系统操作、管理权限不是基于使用者而是基于角色设计的，由于权限过大，导致整个系统因误操作而瘫痪等。所有这些无不是因为我们的年轻和幼稚。因为这种年轻和幼稚，我们只能付出更多代价，将系统设计和研发推倒重来，也就是过去的工作等于白做了。为了赶上市场的节奏，为了从市场上获得竞争先机，我们只能付出比别人更多的精力来工作。加班累了，就在办公室铺下垫子睡一觉，醒了就继续干；思路没了，就在办公室铺下垫子睡一觉，有了思路就继续干。这也造就了华为公司传承至今的'床垫文化'。"

在内部讲话中，任正非又举例说道：

> 1994 年，我们第一次参加北京国际通信展，在华为展台上，"从来就没有救世主，也不靠神仙皇帝，要创造新的生活，全靠我们自己"这句话非常与众不同，但对华为员工来讲，这正是

当时的真实写照。

设备刚出来，我们很兴奋，又很犯愁，因为业界知道华为的人很少，了解华为的人更少。当时有一个情形，一直深深地印在老华为人的脑海里，经久不褪：在北京寒冬的夜晚，我们的销售人员等候了八个小时，终于等到了客户，但只说了半句话“我是华为的……”，就眼睁睁地看着客户被某著名公司接走了。

望着客户远去的背影，我们的小伙子只能在深夜的寒风中默默咀嚼着屡试屡败的沮丧和屡败屡战的苦涩：是啊，怎么能怪客户呢？华为本来就没有几个人知晓啊。由于华为人废寝忘食地工作，始终如一、虔诚地对待客户，华为的市场开始有起色了，友商看不到华为这种坚持不懈的艰苦和辛劳，产生了一些误会和曲解，不能理解华为怎么会有这样的进步。

还是当时一位比较了解实情的官员出来说了句公道话：“华为的市场人员一年内跑了500个县，而这段时间你们在做什么？”当时定格在人们脑海里的华为销售人员和服务人员的形象是：背着我们的机器，扛着投影仪和行囊，在偏僻的路途上不断地跋涉……

在寓言《愚公移山》中，愚公整天挖山不止，还带着他的儿子、孙子不停地挖下去，终于感动了天帝，把挡在愚公家门前的两座山搬走了。

在我们心里面，一直觉得这个故事也非常形象地描述了华为18年来，尤其是20世纪90年代初期、中期和海外市场拓展最困难时期的情形，是我们对待客户始终如一的虔诚和忘我精神，终于感动了我们的客户。

> 无论国内还是海外，都是客户让我们有了今天的一些市场，我们永远不要忘本，永远要虔诚地对待我们的客户，这正是我们奋斗文化中的重要组成部分。

这样的例子在华为可以说是举不胜举。当华为每一次陷入危机时，华为人几乎都是用艰苦奋斗才渡过难关的。例如，在 2001 年开始的网络泡沫破裂后，行业市场急剧下滑，甚至是萎缩，尤其是 2002 年。这样的市场环境无疑会使华为进入寒冷彻骨的严冬。由于华为的销售出现负增长，很多员工因为暂时的不利处境，纷纷离开华为，甚至有不少离开华为的员工在离开时居然带走了华为的源程序、设计原理图等核心商业机密信息，或自已开公司或有偿泄露给同业者进行仿制。这种零成本、无投入的仿制，在市场上全面形成了与华为的正面竞争，几乎造成了华为公司的灭顶之灾。

不仅如此，由于对市场形势和发展判断失误，华为错失了很多可以获得收益和利润的市场机会；由于没有准确判断泡沫带来的低谷，对局部市场和产品盲目乐观，造成了 5 亿元的器件库存和积压；NGN 至今亏损超过 10 亿元，3G 至今亏损超过 40 亿元，不知道什么时候才能收回投资，这样的危机更使华为雪上加霜。

为了应对不确定的危机，华为再次开启了艰苦奋斗的列车。任正非回忆道："住两块钱的招待所，顿顿吃方便面、睡机房，我们经常经历；跟我们在同一个客户那里出差的竞争对手的工程师，住的是当地最高档的宾馆，我们非常羡慕；在同一个机房干活的竞争对手的工程师，一到下午下班时间就收拾东西走了，而我们还在吭哧吭哧地干，我们还是羡慕。"

面对危机，华为人通过艰苦奋斗，扫清了华为发展上的障碍。任正非介绍道："我们通过集体降薪来支撑公司，我们通过忘我工作来弥补我们年轻造成的过错，我们通过舍家别妻奔赴海外开疆拓土来为公司过冬添棉袄。公司上下同心同德卧薪尝胆，我们挺到了今天。”

任正非回忆道：“自公司创立那一天起，我们历经千辛万苦，一点点地争取到订单和农村市场；另外，我们把收入都拿出来投入到研发上。当时，我们与世界电信巨头爱立信、阿尔卡特等的规模相差200倍之多。通过一点一滴锲而不舍的艰苦努力，我们用了十余年时间，终于在2005年使华为的销售收入首次突破50亿美元，但与通信巨头的差距仍有好几倍。最近不到一年的时间里，业界几次大兼并，一下子使已经缩小的差距又拉大了。我们刚指望获得一些喘息、直一直腰板、拍打拍打身上的泥土，没想到又要开始更加漫长的艰苦跋涉……”

第六部分

一览众山小

华为公司过去的成功能不能代表未来的成功？不见得。成功不是未来前进的可靠向导。成功也有可能导致我们犯经验主义错误，使我们步入陷阱。历史上有很多成功的公司步入了陷阱，例子很多。时间、空间、管理者的状态都在不断变化，我们不能刻舟求剑，所以成功是不可复制的。能不能成功，关键在于我们要掌握、应用我们的文化和经验，并灵活地实践。这不是一件容易的事情，它熬干了多少人的血液和灵魂，多少优秀人才为此付出了太多的代价。不然，人类社会怎么会演变到今天。

我们要借鉴成功的思维方式，而不是它的工作方法。不是说原来怎么做的，我就怎么做，然后沿着这条路走下去就行了。现在，很多员工在思想上是比较惰怠的，他们没有积极的思维，没有认真研究如何简化工作、提高贡献能力。

——华为创始人　任正非

第 20 章　华为最大的竞争者是自己

依靠创新和过硬的技术，从创立到现在，任正非领导华为一路高歌，从交换机到无线基站，从手机到企业网，华为的规模越做越大。2013 年，华为实现销售收入 2 390 亿元人民币，同比增长 8.5%。

在外人看来，华为已经很成功，但任正非认为："经九死一生还能好好地活着，这才是真正的成功。华为没有成功，只是在成长。"他在一次演讲中说："2002 年 IT 泡沫破灭时，华为也濒于破产，但我们及时转变，在别人削减投资的领域加大了投资。今天的华为已经有更好的条件，我们应更有信心超越，超越一切艰难险阻，更重要的是超越自己。"

"华为没有成功，只是在成长"

当华为取得不错的经营业绩时，面对媒体潮水般的掌声，任正非却异常冷静。在很多公开场合，任正非告诫华为人："华为没有成功，只是在成长。"

在任正非看来，华为才高速发展了二十多年，绝对不能算是一家成功的企业，像便宜坊、茅台、全聚德、同仁堂这样能够持续地存活上百年、成就百年基业的长寿企业，也许才有资格称为成功的企业。

另外，任正非对华为的成长还有其独立的判断。在接受《华尔街日报》萨姆·谢克纳（Sam Schechner）采访时，任正非解释了华为的成长观点。任正非说："我们在一段时间里不上市，但我们不能保证永远不上市。'永远不上市'这句话在逻辑上是不通的，因为生命不能永远，所以承诺不能永远。但至少在相当长的时间里，我们没有考虑这个问题。"

对于任何一个企业而言，不论其发展前景如何，都是被企业的边界所限制的。在这样的前提下，目前还没有一个超过 1 500 年的企业。因此，风云一时的企业辉煌可能就如同天空划过的流星一样，虽然很绚烂，但不过是过眼云烟。

持此类观点的还有海尔集团董事局主席、首席执行官张瑞敏。2014 年 8 月 23 日下午，张瑞敏在中欧国际工商学院 20 周年校庆"大师课堂"系列活动上，发表了题为《互联网时代的管理模式创新探索》的演讲："在海尔的字典里，没有'成功'这两个字。其实，所有企业的成功都不过是踏上了时代的节拍，踏准了就成功了，正所谓'台风来了，猪都会飞'。所以，有的人成功了，自己都不知道为什么成功。但是，我们是人，不是神，不可能永远踏准时代的节拍，就像冲浪能永远冲在最高峰吗？不可能。所以，问题就变成如何才能真正踏上这个时代的节拍。那些百年企业是如何做到基业长青的？我认为，百年企业就是通过'自杀'重生——你不'自杀'，就会被'他杀'，被时代所'杀'。"

张瑞敏的忧虑是有根据的。如果举办道琼斯工业平均指数（Dow Jones Industrial Average，DJIA）诞生 100 周年庆典，那么有资格参加该庆典活动的就只有美国通用电气公司。

对于当下的传统企业来说，积极互联网化可能带来新的发展机遇，否则就会被互联网时代所取代。为此，张瑞敏告诫传统企业经营者："只能我们去适应时代，时代不可能适应我们。现在，最有说服力的案例就是手机：一开始，摩托罗拉是老大，很快诺基亚超越了它，后来苹果又超越了诺基亚。为什么？时代使然。摩托罗拉是模拟时代的代表，诺基亚则是数码时代的代表，摩托罗拉被超越在本质上是被数码时代淘汰了，而诺基亚则被互联网时代淘汰了。总之，时代发展得太快，谁也抗拒不了时代的发展，只能去顺应它。"

张瑞敏的观点是非常客观的，即使创办于公元 578 年的金刚组也处在成长中。金刚组的大名远播世界，它不只是一家日本建筑公司，其历史非常悠久（拥有 1 400 多年的历史），是世界上现存的最古老的家族企业。1955 年，金刚组转为以有限公司的方式进行经营，然而，由于涉足房地产开发，而后陷入经营困境；在 2006 年 1 月，新金刚组放弃了地产建设的业务，转回建设寺庙的老本行。

在这 1 400 多年的历史中，尽管金刚组为了生存而转型，但最终还是转回老本行。资料显示，位于日本大阪的四天王寺被视为日本飞鸟时代的代表建筑，其间经历了七次破坏，屡被修补，至今香火鼎盛，而金刚组的历史就是从建造四天王寺开始的。

公元 578 年（日本敏达天皇 6 年），日本用明天皇的皇子圣德太子为庆祝灭掉 6 世纪时期的废佛派执政官——物部守屋，祈求法神四天王庇佑佛法及信众。于是，他下令修建四天王寺。

时值日本飞鸟时代，兴建四天王寺需要有最尖端的技术。圣德太子下令从韩国百济招请匠人柳重光兴建四天王寺。

远在朝鲜半岛的金刚组鼻祖柳重光作为技师被委以重任。在日本书纪中，就有为建难波之寺，自百济国招来造寺工匠的记载。①

在金刚组的发展历史中，其主要业务还是建造佛寺。在公元607年，金刚家族设计并建造了法隆寺。这也让金刚家族名声显赫，可以说，已经达到了日本木造建筑的高峰。四天王寺和法隆寺的构筑施工方法至今还在沿用，其设计和建造方法都记录在金刚组《施工方法汇编》一书里。

由于四天王寺和法隆寺修建的影响，柳重光的子孙亦因兴建佛寺而备受重视，在由他们组成的金刚组中，“堂主”相当于总裁一职，至今已传至第40代。金刚组的企业架构分成多个小组，5～8人为一组，各组保持独立性、互为竞争关系。小组会集中改良固有技术，接单时总部会评估各组的能力，借以决定由哪一组承办工作。他们能将一根水泥柱建得像木柱一样。

金刚家族第40代堂主金刚正和在接受媒体采访时坦言：“我们公司能生存这么久，其实没有什么秘密。正如我常说的，坚持最基本的业务对公司来说非常重要。”

在金刚正和看来，无论是经济繁荣还是衰退，专注于自己的核心业务永远是生存之道。正是因为专注寺庙建设，金刚组才发展至今。

资料显示，在金刚组的发展过程中，由于社会的变迁，金刚组与其他企业一样，历经多次危机，甚至多次差点倒闭。

金刚组的第一次危机是在19世纪的明治维新后，由于日本明治政府强化脱亚入欧，这就导致了日本人公开反对佛教运动，使得许

① NHK. 日本企业长盛不衰的奥秘，2007－06－18.

多寺庙被毁掉，而金刚组无疑经营惨淡。

金刚组的第二次危机是在 1934 年，当金刚组传至第 37 代时，世袭传人却无意经营寺庙建设和修建，金刚家族只好任命第 37 代嫡孙之妻担任“堂主”，这才避免了金刚组的解散。

金刚组的第三次危机是在第二次世界大战期间，由于日本政府发动了侵略战争，金刚组因此差点倒闭，最终金刚组通过制造军用木箱，这才度过了日本侵略战争时期。

金刚组的第四次危机是在 20 世纪 90 年代，由于日本遭遇了泡沫经济破灭，金刚组的经营异常困难。在 1955 年，金刚组开始扩张，除建造寺庙、庭园外，还涉足一般建筑的修建，由于过度扩张，产生了庞大的负债。

自 20 世纪 90 年代开始，日本经济开始下滑，特别是泡沫经济破灭后，日本经济严重衰退，居民购买力相对下降，而有巨大负债的金刚组终于在 2006 年宣布清盘，其资产由高松建设于 2005 年 11 月创建的同名子公司“金刚组”接管，而后金刚组重回老本行，专做寺庙建筑。在清盘前，2005 年金刚组的年收入为 75 亿日元，有 100 名员工。经点算后，负债额为 40 亿日元。① 日本媒体也纷纷报道此事，见图 20－1。

世界排名第一的长寿企业金刚组为什么会因负债累累而面临经营危机，甚至濒于破产呢？

面对这个问题，时任金刚组第 39 代的金刚利隆会长坦言，原因在于没能恪守祖传的戒律。金刚利隆说道：“这叫遗言书，都是必须遵守的东西。”

---

①　百度百科．金刚组．2017．http://baike.soso.com/v10627212.htm.

图 20－1　日本媒体报道金刚组

金刚利隆在金刚组的家训中明确指出：“必须把精力集中在长年来从事的神社佛阁的工作上，不可不自量力，提倡埋头本行，严戒盲目多样化经营。”

当时，日本的寺院开始用水泥建筑来替代木质建筑，原因就是木制建筑的建造费用过于昂贵。

为了维持金刚组的市场份额，金刚利隆会长也开始跻身水泥建筑，但由于大承包商的势力强大，不怕激烈的价格竞争，而金刚组不惜亏本承接工程，结果导致了巨额的亏损。为了填补亏损，金刚组又涉足公寓建设，结果使得经营雪上加霜。

为了了解真实的投资决策，日本放送协会以“原本在神社佛阁方面拥有一技之长却参与了并不拿手的公寓，而那是劲敌的地盘。有竞争对手，结果怎样呢?[①]”为题采访了金刚利隆会长。

① NHK. 日本企业长盛不衰的奥秘，2007－06－18.

金刚利隆承认："有点招架不住了，但还是想要赢，只好再降价。比如建造成本为 3 亿日元的工程，2.5 亿日元就接下来了，结果赤字越来越大。"

可能读者会问：为什么金刚组没有在自己最擅长的领域发展，就像金刚组遗言书所言"在力所能及的范围内决胜负"那样？对此，金刚利隆反思道："都因为我这样子，过于出头露角了，大家认为这样不行。"

在金刚组的发展中，试图把公司的命运寄托在不能发挥自身一技之长的第 39 代家主身上，结果引发了危机。专心致志、秉持老本行之重要和艰难由此可见一班。①

资料显示，如今金刚组在日本大阪当地建筑公司的援助下，已经重建。重建后的金刚组决心立足本行，开拓业务。

不仅如此，金刚组的 100 多名庙宇木匠并没有因为金刚组遇到经营危机就辞职，而是致力于让传承千百余年的技艺、士气薪火相传。其中，一位木匠接受日本放送协会的采访时坦言："一千多年前，那些木匠来到日本，他们的技术今天仍在被使用，师承自先人的技术我们要一直传下去。我传给纯志，纯志再传给他的徒弟，一直传下去。这已经持续一千年了。这种技术当然不能让它失传，必须好好保护传统的东西。"

这种信念使得 100 多名木匠能够齐心协力地靠老本行创出业绩。金刚组已经着手宣传木造建筑的经久耐用性，因为金刚组积累了大量的木质建筑修复技术。

在木造建筑修复中，金刚组建议：没有必要改为水泥，木制建

---

① NHK. 日本企业长盛不衰的奥秘，2007－06－18.

筑同样能长久地维持，同时还能降低维护费用。有些在外表上无法发现的建筑破损，只要经过专家的锐眼辨别，就能找出需要修复的部位。

即使是建了300年的寺庙天花板上的木材折断了，根据专家的判断，也是完全可以修复的。在金刚组的木匠看来，经过修复的木制建筑能够重获新生。比起寿命为一百年的水泥，木制建筑更加结实坚固。

金刚组宫大工金谷雅宏（从事神社佛阁的建筑、补修的大工——木匠）说："凡我们经手的必须最少维持一百五十年，依靠我们的技术使它重获新生。在寺院漫长的历史中，通过这么一段时期重现它的原貌，传给后人，希望将来成为文化遗产。"

重回本行的金刚组，其名声在寺庙间逐渐传开，业绩也开始渐有起色。不过，金刚组营业课长芦田建司在接受日本放送协会的采访时坦言："不能因为价格竞争激烈就随波逐流，这样会丢失我们的个性，还是应该持之以恒。金刚组的个性、我们的特性，绝对不能忘记。要一直坚持下去，过去是这样，现在是这样，未来也是这样。"

从日本放送协会的纪录片中不难看出，拥有1 434年历史的金刚组，除了短暂从事过现代民用建筑行业外，一直坚持用传统技法修建日式寺庙、园林，这使得金刚组成了日本古建筑领域最权威的公司。

事实证明，历经漫长历史的长寿企业，其共同点都是重视长年以来培养的本行。正是因为金刚组公司重视本业，坐上世界上最古老的家族企业的宝座才名正言顺。当然，日本长寿企业的经营者往往采用"细水长流，连绵不绝，不追求眼前利益的经营理念"。

对此，长寿企业研究专家在接受日本放送协会采访时坦言："重操本行的金刚组做出了正确的选择。这就是'制造东西'的精神，用自己灵巧的双手制作东西，而现在的社会也为他们提供了施展才华的机会。如果要说优势在哪里的话，能使这些人的才能和经验得到百分之百的发挥，才是事业成功最重要的因素。"

对于华为的长远发展，任正非是非常清楚的。尽管当下，华为业绩已经登顶，但它面临着再次突破自己的问题。

华为离成功还有很远

近年来，一些全球知名的跨国企业从辉煌的巅峰坠落到谷底。当然，其中包括一些曾在全球市场上纵横捭阖、风光无限的跨国企业。这些企业曾经赢得了消费者的热捧，然而在经历了不同的危机和相似的起落后，最终归于沉寂。

在这些企业中，有我们耳熟能详的诺基亚，它因没能跟上智能手机的发展而折戟沉沙；在功能和外观设计上与诺基亚和苹果颇为相似的三星电子，似乎与诺基亚一样，也进入了黄昏；在互联网思维大行其道时，成功博得众人眼球的西少爷肉夹馍，逐渐被人遗忘；海底捞这个曾经的服务业标杆，如今也面临重重危机……

可能读者会问，为何企业遭遇波折是必然，而获得荣耀才是偶然呢？为什么会出现如此让人大跌眼镜的境况？……

在回答这一连串的问题之前，我们不得不提及企业的生命周期，因为所有企业都会面对从创业到倒闭这个必然的历程。公开资料显示，中国民营企业的生命周期平均只有 3.7 年，即一个企业的生存时间不会超过 4 年。然而，在消费者的意识中，企业的生命周期应该是远大于4年的。这就造成消费者常被“基业常青”这个概念所蒙蔽和洗脑，于是自认为“基业常青”是任何一个企业常态化的天然属性。

其实，这样的认识是有失客观的，殊不知企业在经营过程中往往面临高风险，企业可能遭遇诸多不可预知的艰难险阻、波折起伏。究其原因，企业持续的荣耀和“基业常青”只是极少数幸运者的光环而已。这就要求企业经营者必须有一个理性的认知：长期的荣耀是“非常态”，而经历挫折，乃至得到覆灭的结局才是企业经营的“常态”。有了这样一个基本的心理准备，我们才能冷静地看待这些企业的跌宕起伏，以及那些曾被我们视为标杆的企业在经历困窘时多么真实。①

另外，新闻媒体对这些企业的不合理吹捧，引发大众追捧，也让我们产生了一种幻觉，即认为这些曾经成功的弄潮儿就应该一直成功下去；它们曾经被曝光的管理奇迹，就应该是管理的真谛；这些曾经成功的企业，就应该延续成功的神话……②

在这样的背景下，歌舞升平的笙歌形象在企业中传递开来，一旦企业取得了一点成绩，就大书特书其成功的经验，甚至是花大钱邀请哈佛大学商学院来撰写案例。这样做只会加剧企业的倒下，而不是使企业持续发展。

任正非已理性地认识到这个问题，当华为势如破竹地高速行军时，任正非和华为非常低调，因为在任正非的意识中，华为距离成功依然遥远，只不过是取得了一点成绩而已。

我们在公开的华为内部讲话中可以看到，危机、冬天、客户这

---

①② 许正. 企业靠什么维持荣耀和基业常青. 商界，2015（4）.

样的字眼很多，但几乎找不到成功两字。这样的经营思维无疑是推动华为一次次度过危机、再攀高峰的原动力。

在一次内部讲话中，任正非告诫华为人："成功是一个讨厌的教员，它诱使聪明人认为他们不会失败，它不是引导我们走向未来的可靠向导。华为已处在上升时期，它往往会使我们以为八年的艰苦奋战已经胜利。这是十分可怕的！我们与国内外企业的差距还较大，只有继续艰苦奋斗，长期保持进取、不甘落后的态度，才可能不会灭亡。繁荣的背后，处处充满危机。"

在"2014 商业评论大会——中国 TOP 50 实战案例复盘暨第八届'管理行动奖'颁奖盛典"上，时任新希望六和股份有限公司联席董事长兼首席执行官的陈春花就谈到了华为："很多人在问我，说我的公司有 30 年的历史，核心竞争力很强大，我就说忘掉它吧！我们都知道为什么华为有竞争力，因为在华为的逻辑里面只有成长、没有成功，华为从来没有讲过成功，一直在讲成长。我回到新希望六和，他们问我新希望六和有什么，我说我们只是走在成长的路上。我想，这就是我们要讨论的事情。在今天，你一定要从外边往里看，而不是从里边往外看，你只有从外边往里看的时候，才能找到真正的发展方向。"

陈春花的理由是："这个从外边向里看的原则很简单：第一，你从外审视你的企业；第二，不断扩大对市场、行业的理解；第三，一定要利用真正的细分来明确顾客需求；第四，你的能力特别是核心能力要不断地重新构建，只有不断地重新构建、打磨这些能力，你才可以找到真正的发展方向。"

对此，陈春花总结了任正非的管理思想后撰文指出："成功 = 没有成功，只有成长。"陈春花研究发现，对于那些成功企业，总结下来基本是四个方面做得很好：第一，它一定会创新；第二，它有非常强的危机意识；第三，最高领导者的坚持；第四，它明白顾客需要的就是企业的真正追求。①

事实证明，所有企业的成功只是顺应了历史的发展，即使是日本的百年企业也不例外。日本雅马哈（Yamaha）品牌在中国的知名度较高，但让中国读者没有想到的是，雅马哈于1887年在日本滨松创办。

雅马哈集团创始人山叶寅楠（Torakusu Yamaha）生于1851年，死于1916年。由于“西学东渐”，山叶寅楠在年轻时就非常熟悉西方的科学技术。

1887年，山叶寅楠只是一名医疗器械修理工。然而，正是由于拥有医疗器械修理工的背景，在日本滨松寻常小学（现为元城小学），山叶寅楠居然修复了一台风琴。

从那以后，山叶寅楠对风琴产生了浓厚的兴趣。自此，山叶寅楠就开始制造风琴。出于对风琴事业的喜爱以及对风琴制造的自信，山叶寅楠排除万难，于1889年创建了山叶风琴制造所。

1907年，山叶寅楠创办的日本乐器制造株式会社成立，也就是雅马哈集团的前身。山叶寅楠凭借着一颗上进心，再加上自己的远见卓识和办事果断的风格，终于取得了成功。这些奠定了雅马哈品牌的基础，也是今天雅马哈集团的一个重要精神财富。

如今的雅马哈集团，其产品从钢琴、电子琴、合成器等键盘乐器，铜管、木管等管乐器，小提琴、大提琴等弦乐器，以及所有的

---

① 2014年12月5日，陈春花教授在深圳“2014商业评论大会”上发表了题为《变化时代的经营选择》的主题演讲。

打击乐器，直至最高级的专业音响设备都有涉及。与此同时，雅马哈集团还是一个经营音乐普及事业、体育用品、厨房卫浴用品、发动机等其他各种产品的综合性国际集团，见图 20－2。

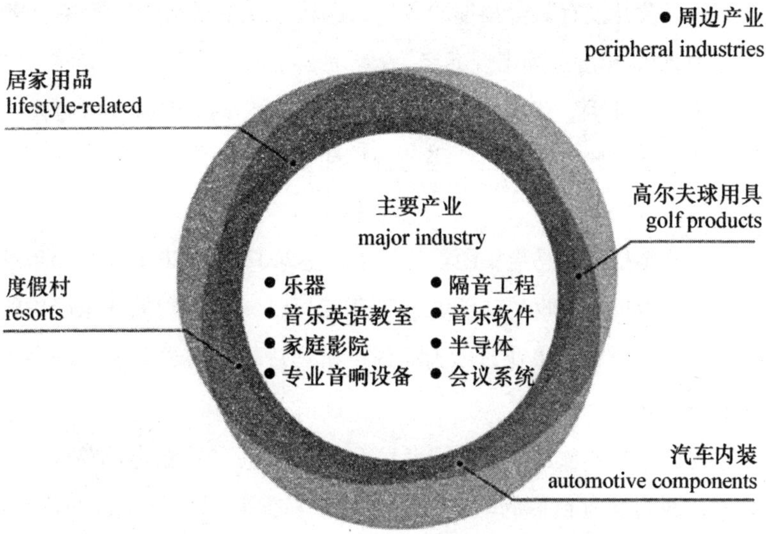

图 20－2 雅马哈集团事业图

尽管雅马哈集团的发展较为顺利，但也走过弯路。可以说，作为世界上最大乐器厂商的雅马哈集团同样是数变后重归本业、获得新生的最典型例子。它因为回归“音乐”这个本行而使恶化的经营业绩得到了恢复。

雅马哈集团除制造乐器以外，过去曾向多个领域推进，还走过一段“噩梦般”的多元化阶段。雅马哈集团的多元化涉及整体厨房、休闲娱乐、滑雪和网球等体育业、半导体、薄膜磁头等多个领域和行业。

由于盲目多元化，乐器这个主业慢慢地淡出了其顾客的视野。

可以说，从20世纪90年代中期开始，人们几乎忘记了它是一家乐器公司，一度把它当作“电子零部件厂家”，很多中国人就曾以为雅马哈集团是生产摩托车的。这些业务模糊了雅马哈集团的定位，许多部门的经营并没有取得预期的效果，这就导致了雅马哈集团在1999年度和2000年度连续出现赤字。

2000年4月，伊藤修二出任雅马哈集团公司的总裁，伊藤修二一上任，就开始呼吁回归“经营音乐和乐器”的本业，并且重建经营体制。

这些举措让雅马哈集团重获新生。在2007年和2008年两个年度中，雅马哈集团的收益创历史新高。① 例如，一度因脱离音乐而导致经营危机的半导体事业，因为抓住手机彩铃这个潜力巨大的蓝海市场而得到复苏。

对此，日本放送协会的记者幸田真音坦言：“企业也是要摸索试验的，遇到没有自信的时候，有时很容易就忘记自身原有的优势。如果能把自己的优势时刻牢记在心，也就不会丧失信心，从而重新拥有自豪感，重返起跑线。拥有这种有利条件，正是这些企业的优势所在。一直保持这些东西，即使有时忘记了一些，但还是能返回原地，而拥有这种有利条件的企业就能长盛不衰。”

雅马哈集团的案例提醒了中国企业经营者，任何一个企业的生存和发展都是动态向前的，即使一时取得了较好的业绩，也不过是暂时的，绝对不能以此来作为炫耀的资本。一旦放弃了企业的发展，今天在《财富》世界500强之列的企业，可能在明天就会申请破产。

任正非非常明白这个道理，在很多时候，任正非都告诫华为人，

① 江南时报编辑部. 日本“老字号”长寿之道. 江南时报，2008-09-03.

华为离成功依然很远。任正非的忧虑是有道理的，对于企业经营者来说，取得了短暂的胜利并不是举杯欢庆的时候，可能此刻危机已经靠近。只有居安思危、再接再厉，才能真正地把企业做成百年老店；否则，该企业就可能如同天上的流星一样，虽然很绚丽，但很短暂。

正如美国著名管理专家吉姆·柯林斯（Jim Collins）所言："优秀是伟大的敌人，这正是这个世界上伟大的东西这么少的重要原因之一。我们没有伟大的学校，主要是因为我们有优秀的学校；我们没有伟大的政府，主要是因为我们有优秀的政府；很少人能经历伟大的人生，这主要是因为我们能比较轻松地获得不错的生活。同样，大部分公司没有成为伟大的公司，主要是因为它们相对比较优秀——这正是它们的主要问题。"

第 21 章　登顶与华为的冬天

在华为，不论是顺境还是逆境，危机始终相伴。早在十多年前，任正非曾有一篇名为《华为的冬天》的文章，它影响了无数的媒体人和企业家。该文专注于华为潜在的危机和失败，并且入木三分。

任正非告诫华为人："如果有一天，公司销售额下滑、利润下滑甚至破产，我们怎么办？我们公司的太平时间太长了，在和平时期升的官太多了，这也许就是我们的灾难。泰坦尼克号也是在一片欢呼声中出的海。而且我相信，这一天一定会到来。"

在任正非看来，当华为遭遇挫折时，必须找到解决办法，不然危机真正来临时，华为倒下后可能就不会东山再起。在任正非演讲的那一年，华为的年销售收入达到 220 亿元，位居全国电子百强之首。十多年后的 2017 年，华为的年销售收入为 6 036. 21 亿元。正是任正非高调地宣扬"华为的冬天"，导致华为人的危机意识给中国企业家、媒体、研究者们留下了较为深刻的印象。

防微杜渐，居安思危

我翻阅十多年来任正非的讲话后发现，在华为的成长过程中，时时体现出任正非的"危机意识"。不论是《华为的红旗到底能打多久》《华为的冬天》，还是《华为要做追上特斯拉的大乌龟》，强烈的危机感一直贯穿其中。而这种危机感的产生，激发了华为内部的活力，使其不断迎接挑战，缓解各种外部不利因素的影响，最终生存下来。①

在中国伟大的企业家中，任正非是一个忧患意识较重的企业家。在华为的发展过程中，任正非浓浓的危机意识渗透在华为的经营管理中，正如任正非所言："十多年来，我天天思考的都是失败，对成功视而不见，也没有什么荣誉感、自豪感，而是危机感。也许是这样才存活了十多年，失败这一天一定会到来，大家要准备迎接，这是我从不动摇的看法，这是历史规律。"

正是任正非强烈的危机感，让华为在行业竞争中闯过了数不胜数的险滩和暗礁；正是任正非浓浓的危机意识，将华为从一家深圳小企业打造成世界网络设备供应商；正是"华为没有成功，只有成长"的居安思危思维，使之成为华为变革的推动力。对此，任正非说："因为优秀，所以死亡。创业难，守业难，知难不难。高科技企业以往的成功往往是失败之母，在这瞬息万变的信息社会，唯有惶者才能生存。"

北京大学国家发展研究院、北大国际（BiMBA）院长杨壮教授在接受媒体采访时坦言："任正非不断提到华为的冬天，不断提到竞争，而危机意识已成为优秀企业家的基因。正如微软的比尔·盖茨、三星的李健熙。"

在杨壮看来，华为的成功主要源于任正非的危机感。公开的年

---

① 梁薇薇. 华为放弃美国被唱衰：是匹饱富乌龟精神的"狼". 中国产经新闻报，2014-01-16.

报数据显示，2013 年华为实现销售收入 2 390 亿元人民币（约 395 亿美元），同比增长 8.5%，净利润为 210 亿元人民币（约 34.7 亿美元），同比增长 34.4%。根据此前爱立信公布的年报，2013 年爱立信的营业收入为 353 亿美元，与 2012 年基本持平，净利润为 19 亿美元。2013 年，Infonetics Research 发布的设备供应商领军公司记分卡显示：华为排名第一，紧随其后的是爱立信和思科。

从这组数据可以看出，如今华为已成为通信行业的巨人。然而，在华为的发展过程中，居安思危的意识植入了华为每个员工的意识中。在很多场合，任正非都用“温水煮青蛙”来警示华为的员工。对于青蛙的这个实验，我敢肯定地说，任正非是非常熟悉的，也是非常警惕的。

在《北国之春》一文中，任正非是这样开头的：

> 我曾数百次听过《北国之春》这首歌，每一次都热泪盈眶，都为其朴实无华的歌词所震撼。《北国之春》原作者的创作之意是歌颂创业者和奋斗者，而不是当今青年人误认为的一首情歌。
>
> 在樱花盛开、春光明媚的时节，我们踏上了日本的国土。此次东瀛之行，我们不是来感受异国春天的气息、欣赏漫山遍野的樱花，而是为了学习度过冬天的经验。
>
> 一踏上日本国土，给我的第一印象还是与十年前一样宁静、祥和、清洁、富裕与舒适。从偏远的农村到繁华的大城市，街道还是那样整洁，所到之处还是那样井然有序；人还是那样慈祥、和善、彬彬有礼，脚步还是那样匆匆；从拉面店的服务员到乡村小旅馆的老太太，从大公司的上班族到……所有人都这么平和、乐观和敬业，他们是如此珍惜自己的工作，如此珍惜为他人服务的机会，工作似乎是他们最高的享受，没有任何躁

动、不满与怨气。在我看来，日本仍是十年前的日本，日本人还是十年前的日本人。

但谁能想到，这十年间日本经历了第二次世界大战后最严寒和最漫长的冬天。正因为现在的所见所闻是建立在长时间低增长的基础上的，所以我感受尤深。近八年，日本的绝大多数企业没有增加过工资，但社会治安仍比北欧还好，真是让人赞叹。一旦日本重新起飞，这样的基础一定让它一飞冲天。若华为连续遭遇两个冬天，就不知道华为人是否还会平静、沉着地应对，最终克服困难、迎来春天。

从20世纪90年代初起，日本连续经历了十年低增长、零增长、负增长……这个冬天太长了，日本企业是如何度过的？它们遇到了什么困难？有些什么经验？能给我们什么启示？

这是我们赴日访问的目的所在。

华为经历了十年高速发展，能不能长期持续发展，会不会遭遇低增长，甚至是长时间的低增长；企业的结构与管理上存在什么问题；员工在和平时期快速晋升，能否经受得起冬天的严寒；快速发展中的现金流会不会中断，正如在江河封冻时还有涓涓细流，不致使企业处于完全停滞状态……这些都是企业领导人应预先研究的。

华为总会有冬天，准备好棉衣，比不准备好。我们该如何应对华为的冬天？这是我们在日本时时思索和讨论的话题。

在任正非的文章中，《北国之春》是任正非典型的危机思维代表作。2004年10月19日，任正非出访和考察日本。归国后，任正非总结了此次考察的目的。正如任正非所言，此次赴日考察并非为了感受异国春天的气息、欣赏漫山遍野的樱花，而是为了学习日本度过冬天的经验，即便是今日今时仍具有很大的现实意义。

在内部讲话中，危机是任正非提过的频率最高的词语。任正非坦言："历史给予华为机会，我们要防微杜渐、居安思危，才能长治久安。如果我们为当前的繁荣、发展所迷惑，看不见各种潜伏着的危机，我们就会像在温水中不知大难将至的青蛙一样，最后在水深火热中魂归九天。"

当华为取得较好的业绩时，清醒的任正非告诫华为人："由于资金的不平衡，公司一次次地面临危机，一次次被推到危险的边缘。是谁挽救了公司？是什么神暗中保佑了公司？是集体奋斗之神和数千员工及家属之魂托起的气场保佑了公司。尤其是在市场部'胜则举杯相庆，败则拼死相救'的工作原则的感召下，多少英雄儿女放弃科学家梦，一批又一批地奔赴前线。"

"现在是春天吧，但冬天已经不远了"

纵观华为的发展历程，危机意识始终隐含在华为的经营管理之中，北京大学国家发展研究院、北大国际（BiMBA）院长杨壮分析称："任正非富有远见，2001 年他发表《华为的冬天》一文时，就意识到华为不能只靠单一、纵深的产品打开市场，华为必须由单一通信产品（如交换机、路由器）供应商向整个 IT 网络产品供应商转变；在深圳周边的一些电子厂商专注于产品竞争时，华为确认了'以客户价值为核心'的增长方式，随后大手笔投入研发，专注于科技研发和技术领先，从而改变了华为后来的竞争态势和方向；20 世纪 90 年代末，大多数中国企业在国内市场上进行蓝海竞争的时候，任正非已将华为的发展视角放到海外，全力推动华为的国际化。经过十多年的奋斗，如今华为实现了国际化。华为的转型和领导者的素质有直接关系。”

在杨壮看来，华为的成功转型与任正非的领导素质有直接关系。华为的发展模式不仅给中国企业经营者树立了一个标杆，同时也让跨国企业胆战心惊。究其原因，任正非的危机意识不但提升了团队的凝聚力和战斗力，还驱动了华为的持续变革和创新。

合众资源企业管理顾问机构董事长刘承元博士撰文指出：“在芯片战略上，任正非强调要坚持自主创新，在使用高通、德仪等国外厂商的高端芯片外，华为要自主研发芯片做战略防御之用。华为的做法是后来居上者不得不做的现实选择，即先跟随，后创新，再超越。国际化的竞争局面会出现许多意外情况，企业领导层必须时刻警惕，确保自己少犯或不犯错误，并且时刻准备着，等到对手犯错时一招制胜。”

关于《华为的冬天》的讨论并不是在任正非去日本考察时才有，而是在任正非去会晤时任阿尔卡特董事长的瑟奇·谢瑞克（Serge Tchuruk）时就有了。

21世纪初，时任阿尔卡特董事长的瑟奇·谢瑞克在法国波尔多地区自家的葡萄酒庄园接待了前来参观访问的华为创始人任正非。

经过简单的寒暄问好后，瑟奇·谢瑞克向任正非介绍道：“我一生投资了两个企业，一个是阿尔斯通，一个是阿尔卡特。阿尔斯通是做核电的，经营核电企业要稳定得多，无非是煤、电、铀，技术变化不大，竞争也不激烈；但通信行业太残酷了，你根本无法预测明天会发生什么，下个月会发生什么……”

在瑟奇·谢瑞克看来，通信行业犹如丛林法则一样残酷。对此观点，任正非非常赞同。2001年3月，正当华为的发展势头十分良好的时候，任正非在企业内刊上发表了一篇《华为的冬天》，这篇力透纸背的文章不仅是对华为的警醒，还适合于整个行业。接下来的互联网泡沫破裂让这篇文章广为流传，“冬天”自此超越季节，成为危机的代名词。

众所周知，瑟奇·谢瑞克是一位广受企业界尊崇的实业家和投资家，他所创的阿尔斯通和阿尔卡特都是世界知名的企业。例如，阿尔卡特曾是全球电信制造业的标杆企业。特别是在美国2001 年互联网泡沫破裂后，阿尔卡特与爱立信、诺基亚、西门子这几家欧洲电信企业并肩成为“坚不可摧”的业界巨擘。欧洲普遍的开放精神不仅快速地培育出几大世界级的电信制造商，而且造就了一批全球化的电信营运商，如英国电信、法国电信、德国电信、西班牙电信、沃达丰……它们不仅在欧洲各国，而且在全世界各大洲都有网络覆盖，而美国、日本以及中国的电信企业，与欧洲同行相比，显然是有距离的。①

正如瑟奇·谢瑞克所言，在通信行业，根本无法预测明天会发生什么，爱立信、诺基亚这两个巨头也在经历辉煌之后陨落。

在居安思危的管理下，激烈的竞争无疑会使企业不进则退。在21 世纪初期，华为正处于艰难的爬坡阶段。作为“领路者”的阿尔卡特经营者都感到未来的困惑与迷茫，这使任正非异常震惊。任正非结束访问回国后，向华为高层多次复述瑟奇·谢瑞克的观点，并提问：华为的明天在哪里？出路在哪里？

随后，在华为科级以上干部大会上，任正非做了名为《2001 十大管理工作要点》的报告，该讲话内容被总结为《华为的冬天》并

① 田涛，吴春波．下一个倒下的会不会是华为．北京：中信出版社，2012.

在各大企业管理者中广泛传播。许多企业的领军人物（如创维的黄宏生、联想的杨元庆以及东软的刘积仁）在读到此文后纷纷认为“这篇文章说出了所有干企业的人的感受”。任正非在此文中指出：繁荣的背后是萧条，我们在春天与夏天要念着冬天的问题，居安思危不是危言耸听。这是总裁与员工共同准备过冬的经典范例。[①]

在该文中，任正非坦言：“华为的危机以及萎缩、破产是一定会到来的。”他说：“现在是春天吧，但冬天已经不远了，我们在春天与夏天要念着冬天的问题。IT 业的冬天对别的公司来说不一定是冬天，而对华为可能是冬天。华为的冬天可能来得更冷一些。我们还太嫩，我们公司经过十年的顺利发展没有经历过挫折，不经过挫折就不知道如何走向正确的道路。磨难是一笔财富，而我们没有经过磨难，这是我们最大的弱点。我们完全没有适应不发展的心理准备与技能准备。

危机的到来是不知不觉的，我认为所有的员工都不能站在自己的角度、立场想问题。如果你们没有宽广的胸怀，就不可能正确对待变革。如果你们不能正确对待变革、抵制变革，公司就会死亡。在这个过程中，大家一方面要努力地提升自己，另一方面要与同志们团结好，提高组织效率，并把自己的好干部送到别的部门去，使自己的部下有提升的机会。你减少了编制，避免了裁员、压缩。在改革过程中，很多变革总会触动某些员工的一些利益和矛盾，希望大家不要发牢骚、说怪话，特别是我们的干部要自律，不要传播小道消息。”

---

① 蓝维维．从任正非的《华为的冬天》看企业人文管理．南方都市报，2002－01－28．

在任正非看来，只有居安思危，才能避免温水煮青蛙致死的悲剧。在该文中，任正非断言："沉舟侧畔千帆过，病树前头万木春。网络股的暴跌，必将对两三年后的建设预期产生影响，那时制造业就会因惯性进入收缩。眼前的繁荣是前几年网络股大涨的惯性结果，记住一句话：'物极必反。'这一场网络设备供应的冬天，也会像它热得人们不理解一样，冷得出奇。没有预见，没有预防，就会冻死。那时，谁有棉衣，谁就活下来。"

在任正非署名文章《一江春水向东流》中，任正非这样写道：

> 我不知道我们的路能走多好，这需要全体员工的拥护以及客户和合作伙伴的理解与支持。我相信，由于我的不聪明而引出来的集体奋斗与集体智慧，若能为公司的强大、为祖国、为世界做出一点贡献，那么二十多年的辛苦就值得了。
>
> 我知识的底蕴不够，也不够聪明，但我容得了优秀的员工与我一起工作，与他们在一起，我也被熏陶得优秀了。他们出类拔萃，夹着我前进，我又没有什么退路，不得不被"绑"着、"架"着往前走，不小心就让他们抬到了峨眉山顶。
>
> 我也体会到团结合作的力量。这些年来进步最大的是我，从一个"土民"被精英们抬成了一个体面的小老头。因为我的性格像海绵一样，善于吸取他们的营养、总结他们的精华，而且大胆地开放输出。
>
> 那些人中精英，在时代的大潮中，更会被众人抬到喜马拉雅山顶。希腊大力神的母亲是大地，他只要一靠在大地上就力大无穷。我们的大地就是众人和制度，相信制度的力量会使他们团结合作地把公司抬上金顶。
>
> 作为轮值 CEO，他们不再是只关注内部的建设与运作，同

时也要放眼外部、放眼世界，要自己适应外部环境的运作，趋利避害。我们伸出头去，看见我们现在是处在一个多变的世界，风暴与骄阳、和煦的春光与万丈深渊……并存着。

我们无法准确预测未来，仍要大胆拥抱未来。面对潮起潮落，即使公司大幅萎缩，我们不仅要淡定，而且要矢志不移地继续推动组织朝长期价值贡献的方向去改革。要改革，更要开放。要去除成功的惰性与思维的惯性对队伍的影响，也不能躺在过去荣耀的延长线上，只要我们能不断地激活队伍，我们就有希望。

历史的灾难经常是周而复始的，人们的贪婪从未因灾难改进过，过高的杠杆将推动经济的泡沫化，而泡沫总会破灭。我们唯有把握更清晰的方向，更努力地工作，任何投机总是要还账的。

经济越来越不可控，如果金融危机进一步延伸爆炸、货币急剧贬值、外部社会动荡，我们会独善其身吗？我们有能力挽救自己吗？对于我们乘坐的航船，员工会像韩国人卖掉金首饰救国家一样，给我们集资买油吗？历史没有终结，繁荣会永恒吗？

我们既要有信心，也不要盲目相信未来，历史上的灾难都是我们的前车之鉴。我们对未来的无知是无法解决的问题，但我们可以通过归纳找到方向，并使自己处在合理的组织结构及优良的进取状态中，以此来预防未来。死亡是会到来的，这是历史规律，我们的责任是不断延长我们的生命。

千古兴亡多少事，一江春水向东流，流过太平洋，流过印度洋……不回头。

从任正非的文章中，我们依然可以看出其较强的危机意识。在“温水煮青蛙”的实验中，那只青蛙的不同结局告诫中小民营企业老板，在企业经营中，不断变动的竞争环境使得危机无处不在。因此，一旦中小民营企业老板觉察不到危机的存在，其实企业已处于最大的危机环境中。

正如孟子所说的“生于忧患，死于安乐”，对于任何一个中小企业而言，如果它如同实验中的那只青蛙一样，对企业生存、竞争环境的变化浑然不觉，一旦危机事件爆发，就会无力应变危机事件，其结果就是被市场淘汰。

第 22 章　总有一天华为会反攻进入美国

对于华为来说，美国市场寄托了华为国际化的光荣与梦想，但随着华为在美国遭遇接二连三的政治打压，华为不得不曲线入美，甚至目前暂停拓展美国市场。

在华为看来，自身的国际化业务正处在高歌猛进的阶段，却在美国市场遭遇挫折，这可能仍是华为迈不过去的一道坎。

2016 年 6 月，美国商务部要求华为提交有关向古巴、伊朗、朝鲜、苏丹和叙利亚出口或再出口美国技术的出货信息。继中兴通讯后，华为也遭受了美国的调查。

在同一阶段，华为与微软、英特尔达成战略合作，将在美国上市二合一产品 MateBook，除了传统的销售渠道外，还将进驻全美的近百家微软旗舰店。由此，业界认为，美国商务部的调查还很难判断华为产品进入美国市场后究竟能产生多大的影响。

《纽约时报》称，传票是调查是否违反美国出口管控的一部分，不意味着刑事调查。面对美国的政治打压，华为再次声明：华为承诺遵守业务所在地的法律法规。尽管如此，这依旧让华为面临潜在的风险。市场研究和咨询机构 Strategy Analytics 高级分析师杨光评价道："在手机芯片业务上，华为有海思这样的自研产品进行替代，在网络设备所需的关键元器件方面，比如 FPGA、CPU 或射频元器件，包括华为在内的绝大多数通信设备制造厂商都会依赖于美国的供应商。”

在杨光看来，华为对被美国调查的事情极其熟悉，早在几年前，华为就是由于美国的指控，因此逐步放弃了美国市场。

2010 年，华为曾经试图游说美国政府，收购摩托罗拉无线网络业务，美国政府最终以“国家安全”为由，拒绝了华为的此项并购；2011 年，华为与 3Leaf Systems 达成了一笔 200 万美元的收购交易。但是，美国海外投资委员会以担忧“技术输出”为由，迫使华为放弃了此项收购；2012 年后，美国众议院发布报告，认定华为和中兴通讯对美国构成国家安全风险，并且可能已经违反美国的法律；2013 年，美国总统奥巴马签署法案，要求美国政府相关部门不得私自购买信息技术系统，尤其要对中国 IT 设备进行正式评估……

目前，在美国市场上，四大电信运营商都没有使用华为的网络设备。不可否认的是，屡遭挫折后，华为依旧没有放弃美国市场。在近几年，华为频频通过消费者业务和企业业务试图重新叩开美国市场的大门。几经努力，华为在美国市场的拓展却不顺利。不过，华为依然在继续探索中。任正非在内部的讲话中说道：“我们要正视美国的强大，看到差距，坚定地向美国学习，永远不要让反美情绪主导我们的工作。”任正非早就预估了拓展美国的难度，早在 2016 年，任正非在华为召开的市场大会上告诫华为人：“总有一天我们会反攻进入美国的”“光荣走进美国”。

屡败屡战的美国市场拓展

过去一段时间，媒体报道了美国运营商巨头 AT & T 将宣布与华为合作的信息，AT & T 将销售华为手机，但原本板上钉钉的事情却被 AT & T 爽约了。

AT & T 的临场变卦，意味着华为再次被美国市场拒之门外，其理由还是那句危及美国国家安全的套话。对于华为来说，虽然屡次碰壁，却依旧“初心不改”地拓展美国市场。

第一手机界研究院院长孙燕飚在接受《国际金融报》记者采访时说道：“要想成为国际品牌，必须占据发达国家，美国人口在发达国家中是最多的，而且美国作为高端市场，其人均消费力较强。虽然三星和苹果近年来在中国的市场份额有所下降，但因为占据了美国的智能手机市场，三星、苹果依旧是全球前两大手机品牌。”

通过多年的国际化努力，华为在消费者业务方面拿出了一张漂亮的成绩单——华为智能手机拿下中国本土第一、世界第三的市场份额。

可以预想的是，华为的下一步工作将是通过提升发达国家的市场份额来超越苹果和三星。对于这样的期许，华为消费者 BG 业务 CEO 余承东在接受 CNBC 专访时坦言：“华为将更多精力投在了发达国家市场上。”

在余承东看来，发达国家的经济发展得更好，用户的消费能力更强。余承东说道：“大家都知道，智能手机行业的利润主要集中在高端机市场，低端机几乎赚不到钱，中端机的利润也不多。实话说，华为对低端机市场兴趣不大。”

余承东拓展美国市场，攻击苹果手机的大本营，主要是因为华为拥有丰厚的技术积累。余承东说道：“华为擅长创新，有丰厚的技术积累，因此我们能给高端用户带来更多价值，他们对更好的设计和更好的用户体验趋之若鹜。”

众所周知，华为已在中国本土市场取得了不俗的业绩，正在积极进行海外扩张，它希望成为一个全球著名品牌。

如今的华为已成为世界第三大手机制造商，其市场占有率接近10%。尽管如此，摆在华为面前的路依然严峻，华为与三星和苹果相比，仍有较大的差距，尤其是华为手机业务的利润很低。市场研究机构 Canalys 的数据显示，华为在这方面仍然落后于三星和苹果。目前，三星是全球智能手机市场的霸主，其市场份额达到22%，而苹果的市场份额为15%。

在学者看来，华为在一些关键市场（如印度尼西亚和印度等重要市场）表现不佳，同时又难以撬开美国手机市场。市场研究机构 Canalys 的分析师吉亚·莫（Jia Mo）表示："美国市场是必须进去的。只有在美国获得了不错的市场份额，华为才有机会登顶全球智能手机市场。"

在吉亚·莫看来，打开美国市场是华为夺取世界第一的必经之路。2017 年 7 月，华为消费者业务部门公布了 2017 年上半年的业绩，智能手机出货量达 7 300 万台，同比增长 20.6%。销售收入超过了 1 054 亿元人民币，同比增长 36.2%。在该报告中，华为期望实现 2017 年全年出货 1.4 亿 ~ 1.5 亿台智能机的目标。

制定这样的目标，是基于 2016 年华为 1.39 亿台智能机的销量。因此，未来华为还有很长的路要走，尤其是余承东提出了消费者业务在 2020 年达到 1 000 亿美元销售收入的目标。

为了达成该目标，华为必须将欧盟和日本等市场的高端用户放在首位。客观地讲，华为在欧洲和日本市场的业绩表现非常不错。2017 年上半年，华为智能机的欧洲销量同比增长 18%，而且意大利的销售增速最快。

余承东在接受媒体采访时说道："罗马不是一天建成的，我们必须一步一个脚印……美国市场就是我们的下一步，美国消费者需要更棒的产品和更棒的创新，这些华为都能提供。"

众所周知，继 2015 年在美国发布与谷歌合作的 Nexus 6P 后，华为曾表示，继续提升美国市场的业绩。2016 年 1 月，华为在美国发布了荣耀系列的新产品，主要通过电子商务渠道销售；2016 年 5 月，谷歌发布了 Daydream 虚拟现实移动设备平台合作伙伴名单，华为也名列其中；此外，华为与微软及英特尔合作的二合一产品 MateBook 在美国上市。

据一个拥有海外工作经历的华为员工介绍，因为信息安全的依据不足，个人消费市场和企业业务一般不会像政府采购项目一样被禁止。他说道："华为消费者业务瞄准了苹果和三星，在美国推广高端的品牌形象。"

基于此，华为在美国市场的拓展较为顺利。在美国《财富》杂志看来："智能手机或许是华为成为美国知名品牌的最好机会，美国消费者没有建立起对华为的品牌印象。在美国消费者眼中，它只是没有品牌知名度，正面、负面都没有，这对华为来说反而是个机会。"

在拓展美国的市场中，华为消费者业务 CEO 余承东曾谈到，华为在五年内要超过三星和苹果，占据超过 25% 的市场份额，成为全球第一大智能手机生产商。

正是这样的战略目标，使诸多媒体（包括美国媒体）开始关注华为的手机战略。与此同时，华为也在美国以展示其技术实力的方式推广品牌。2016 年 5 月，华为同时在美国加州北区法院和中国深圳中级人民法院提起对三星的知识产权诉讼。

华为宣战三星，让美国消费者逐渐认识到华为雄厚的技术积累。即使在企业业务方面，华为在美国市场也具有很大的潜力。华为在电信设备领域独树一帜，但在企业内网等领域，面对思科等重量级公司，华为的市场占有率还乏善可陈。在该领域，目前华为的收益份额大约只占 6.4% 。

此外，华为未来的产品研发无疑会转向智能化，同时按照用户的意图提供量身定制的服务。

当然，在国际化市场上，遭遇竞争是理所当然的事情，不过余承东对此并不担心。在余承东看来，在市场营销上花大钱并不能帮一个品牌走向成功，重要的是掌握更先进的技术。为此，余承东解释道："你必须拥有领先的技术和更棒的体验并保持不断创新，而可持续发展来自源源不断的投资……华为想在激烈的竞争中活下来。"

搁浅的 AT & T 合作计划

在拓展美国市场的问题上，通信行业专家刘启诚在接受媒体采访时坦言："华为急于突破美国市场与5G时代的到来也有关系。在欧洲市场，华为已成为德国电信、法国电信、西班牙电信、意大利电信等全球领先运营商的供应商，若不能突破美国市场，华为运营商业务的增长点或将遇到瓶颈。"

基于此，2017 年 8 月 5 日，作为美国最大运营商的 AT & T 已经初步与华为达成战略协议，在美国销售华为智能手机。这对于期望打开美国市场的华为来讲，绝对是一个好消息。

在媒体和研究者看来，此举无疑将成为华为正式进军美国市场的一个标志性事件。其原因是，华为有望借助 AT & T 的平台在美国市场与苹果和三星正面竞争，为华为深耕美国市场打下坚实的基础，同时也有助于华为实现五年内成为全球最大智能手机生产商的目标。

Strategy Analytics 和 IDC 两份市场调研报告的数据显示，2017 年第二季度华为的智能手机出货量和市场份额均排名全球第三，仅次于三星和苹果。华为的市场份额仅比排在第二位的苹果低 0.7 个百分点，出货量差距在 240 万～250 万部。

从这组数据不难看出，华为已可以与苹果和三星并称全球智能手机三巨头。但遗憾的是，华为至今未能突破售价 500 美元以上高端手机的全球最大市场——美国。

这与没有一个美国大运营商主推华为智能手机有关。为了撬开美国市场，华为一直设法搞好与美国通信运营商的关系。

2016 年 11 月，华为向美国市场推出高端智能手机 Mate 9 时，却遭到了美国运营商的冷遇，占据美国手机销售 80% 以上份额的大运营商都不愿与华为合作。《华尔街日报》援引知情者的分析称，华为在美国智能手机市场获得成功的主要障碍是：品牌认知度较低；存在与华为网络设备相关的安全担忧；存在与数字蜂窝通信标准相关的技术障碍。

《华尔街日报》的报道还指出，华为与 T-Mobile 美国公司由于存在相关的专利纠纷，合作的积极性不大。一位华为驻美国经理介绍说，相比华为与 T-Mobile 美国公司的不愉快关系，华为与美国最大的移动运营商 AT & T 的合作更为流畅。于是，华为通过与 AT & T 的有效沟通，双方达成了合作协议。

出于对安全的担忧等问题，美国政府早就对华为技术的安全性发出了警告。2012 年，美国国会曾发布报告，认为华为和中兴通讯对美国国家安全构成威胁，建议阻止这两家企业在美开展投资贸易活动。基于此，华为在美国市场的经营可谓是步履维艰。

在华为的努力下，AT & T 已与华为达成战略协议。数字媒体 The Information 称，AT & T 当时预计 2018 年上半年将正式在美国销售华为智能手机，并且预计将发布华为的新旗舰机型 Mate 10 手机。

华为消费者业务 CEO 余承东已经确认 Mate 10 定于 2017 年的秋季正式发布。在采访中，余承东强调：Mate 10 的目标是干掉同一时期的苹果新一代 iPhone。

据余承东介绍，Mate 10 拥有惊艳的全面屏设计、更长的续航、更快的速度以及更出色的双摄表现，还有很多重磅的功能。

公开资料显示，Mate 10 将搭载新一代麒麟 970 处理器，拥有来自 JDI 的全面屏，6 英寸大小，具有 18∶9 的屏幕比例，分辨率为 QuadHD 级别的 2 160 × 1 080 像素。

为此，学者撰文指出："麒麟 970 处理器和全面屏的 Mate 10 能否让华为更上一层楼，我们现在还不好说。现在最重要的关注点是，华为在 2018 年年初携 Mate 10 通过 AT & T 进军美国市场，而且首要竞争对手就是苹果。那么问题来了，华为能否真正打开美国市场?"

遗憾的是，华为手机在拓展美国市场中再次遭遇挫折。媒体报道：美国当地时间 2018 年 1 月 8 日，与华为合作的美国第二大移动运营商 AT & T，单方面取消与华为的合作计划，并表示不会在美国市场上销售华为手机。

面对如此际遇，华为依然没有放弃在美国市场发布新产品以及具体上市的信息。华为表示，其旗舰智能机 Mate 10 Pro 将通过公开渠道在美国销售，只不过不走运营商销售渠道。

在此次挫折中，尽管 AT & T 没有公布真正的原因，但媒体和研究者都非常清楚，取消合作是因为美国政府的打压。

早在2012年，美国国会就曾发布报告称，对华为设备的安全性表示担忧。2013年，时任美国总统的奥巴马签署法案，要求美国政府相关部门不得私自购买信息技术系统，尤其是来自中国的IT设备。

一直以来，美国政府以国家安全为借口，把华为等中国企业阻隔在美国市场之外，其实就是变相的贸易保护。华为与AT & T洽谈合作期间，美国政府的“阻力”一直相随。与此同时，一旦华为成功进入美国智能手机市场，无疑会对美国的巨头企业产生“威胁”。

据了解，华为与AT & T合作的华为手机使用了自己的麒麟芯片，而非高通芯片。由于华为没有采用高通的芯片，于是该公司向美国政府提出了“保护措施”。之所以在美国销售的华为手机必须使用高通公司的芯片，除了专利保护之外，其根本原因还是贸易保护，而非真正的安全考量。

参考资料

[1] 安筱鹏，乔标．我国通信制造企业的国际化经营阶段的进程分析——以华为公司为例．经济前沿，2008（8）．

[2] 包晓闻，宋联可．中国企业核心竞争力经典：企业文化．北京：经济科学出版社，2003．

[3] 陈武朝．苹果：创新是企业文化的灵魂．教育时报，2016-03-10．

[4] 陈伟．日本企业为何坚守“改良”．支点，2012（8）．

[5] 陈新焱，周冯灿．三星靠什么赶超苹果．南方周末，2012-12-01．

[6] 程东升，刘丽丽．华为真相：在矛盾和平衡中前进的“狼群”．北京：当代中国出版社，2004．

[7] 程东升，刘丽丽．华为经营管理智慧．北京：当代中国出版社，2005．

[8] 蔡钰．华为大举进入香港 3G 市场“示范”意义重于“效益”．财经时报，2004-01-12．

[9] 方向明．参与“一带一路”，香港的优势在于国际化和市场化．第一财经日报，2017-06-06．

[10] 龚柏宇，贺明辉．华为的国际化进程研究．中外企业家，

2016（11）.

[11] 龚文波. 任正非如是说：中国教父级 CEO 的商道智慧. 北京：中国经济出版社，2008.

[12] 葛明磊，张译丹. "将军"是如何产生的？——华为公司管理者培养的案例研究. 中国人力资源开发，2015（11）.

[13] 胡欣悦，孙飞，汤勇力. 跨国企业国际化研发合作网络结构演化——以华为为例. 技术经济，2016（7）.

[14] 江敏. 浅析华为企业文化的塑造与启示. 南昌大学本科毕业论文，2012.

[15] 李超，崔海燕. 华为国际化调查报告. IT 时代周刊，2004（10）.

[16] 李信忠. 华为非常道. 北京：机械工业出版社，2015.

[17] 李娜. 华为首次跻身世界 500 强前 100 甩开爱立信 300 个身位. 第一财经日报，2017-07-21.

[18] 李娜. 华为手机在英被判禁售. 第一财经日报，2017-06-14.

[19] 李瑞秋. 技术创新：企业获取竞争优势的必然选择. 改革与开放，2005（4）.

[20] [美] 伊查克·爱迪斯. 企业生命周期. 北京：中国社会科学出版社，1997.

[21] 丘慧慧. 华为：人才国际化与"去英雄主义". 21 世纪经济报道，2009-08-01.

[22] 任鸽. 任正非：缔造狼性华为. 中国企业报，2011-07-26.

[23] 任正非. 创新是华为发展的不竭动力. 光明日报，2000-

07-18.

[24] 任正非. 扛起责任 坚持创新. 现代企业文化（上旬），2016（8）.

[25] 汤圣平. 走出华为. 北京：中国社会科学出版社，2004.

[26] 田涛，吴春波. 下一个倒下的会不会是华为. 北京：中信出版社，2012.

[27] 王海. 任正非：华为三十年大限快到了 想不死就得新生. 第一财经日报，2016-09-28.

[28] 王力为，胡文燕，王嘉鹏，鲁晓曦. 任正非说华为：从征服欧洲到征服全球. 财新周刊，2015（6）.

[29] 许洁. 华为美国招标再受挫 分析建议其海外上市. 证券日报，2010-08-26.

[30] 叶志卫，吴向阳. 胡新宇事件再起波澜 华为称网友误解床垫文化. 深圳特区报，2006-06-14.

[31] 杨少龙. 华为靠什么. 北京：中信出版社，2014.

[32] 姚玮洁. 华为“34 + 裁员”真相. 中国新闻周刊，2017（3）.

[33] 中国企业家编辑部. 任正非总结华为成功哲学：跳芭蕾的女孩都有一双粗腿. 中国企业家，2014（10）.

[34] 赵晓萌. 为什么谭木匠要迁总部. 销售与市场，2014（8）.

[35] 钟晨. 基于扎根理论的华为公司国际化战略研究. 经济论坛，2011（6）.

[36] 周展. 华为有限公司知识积累的国际化战略研究. 湘潭大学硕士学位论文，2014.

[37] 周留征. 华为哲学. 北京：机械工业出版社，2015.

[38] 张继辰，文丽颜. 华为的人力资源管理（实战版）. 深圳：海天出版社，2015.

后记

过去二十多年，思科一直是核心路由器和交换机市场的绝对霸主，无人能撼动，它独占全球核心路由器市场近八成的市场份额。

然而，这样的神话被来自中国的华为打破。2017 年 6 月，一声惊雷在通信业响起，作为中国企业的华为，成功超越美国的思科，成为全球核心路由器市场的冠军。

2017 年，美国调查机构率先发布公告："2017 年第一季度，在服务供应商路由器和电信级以太网交换机市场中，华为首次超越长期霸占核心路由器市场全球首位的思科，成为全球市场第一！"

这意味着华为继超越爱立信之后，又一次超越自己的对手——思科。一路高歌的华为，在国际市场中一如既往地势如破竹，但这样的进攻态势再次引起了美国政府的不满，原定于 2018 年年初与 AT & T合作的计划因为美国政府的介入，不得不搁浅。不过，华为的步伐并没有因为与 AT & T 合作计划的取消而停滞不前；相反，华为依然大踏步地向前发展。公开数据显示，2017 年华为的销售收入达到6 036. 21 亿元，足以说明华为的强劲势头。

为了解开华为高速发展的秘密，笔者从多个角度介绍了任正非以及华为不为人知的经营策略、企业文化以及在国际化中的攻坚办法等。

在本书中，笔者还原了任正非在人生低谷时的创业艰辛，以及华为在发展中的迷茫和转折点，重现了任正非在面临危机时将华为从“深陷泥潭”引向“独领风骚”的过程中最让人心酸的艰难时刻以及在这种情况下他做出的相应决策，期望给中国企业家提供一些帮助。为了让内容更具体、可靠，笔者采访了多个就职于华为的工作人员。

在此，感谢“财富商学院标杆企业书系”的优秀人员，他们也参与了本书的前期策划、市场论证、资料收集、书稿校对、文字修改、图表制作等工作。

以下人员对本书的完成亦有贡献，在此一并感谢：周梅梅、吴旭芳、简再飞、周芝琴、吴江龙 、吴抄男、赵丽蓉、周斌、周凤琴、周玲玲、周天刚、丁启维、汪洋、蒋建平、霍红建、赵立军、兰世辉、徐世明、周云成等。

任何一本书的写作，都是建立在许多人的研究成果的基础上。在写作过程中，笔者参阅了相关资料，包括电视、图书、网络、视频、报纸、杂志等资料。本书所参考的文献，凡属专门引述的，我们尽可能地注明了出处，其他情况则在书后的“参考资料”中列出。在此，笔者向有关文献的作者表示衷心的谢意！如有疏漏之处，还望原谅。

本书在出版过程中得到了许多教授以及研究华为创新管理、国际化、营销的专家、业内人士和出版社编辑等人员的大力支持和热心帮助，在此表示衷心的谢意！

由于时间仓促，书中纰漏难免，欢迎读者批评指正！（E-mail：

zhouyusi@ sina. com）同时，欢迎约稿、讲课和战略合作，联系方式：

E-mail：450180038@qq.com

微信号：xibingzhou

公众号：caifushufang001

荔枝微课：周锡冰讲台

金　易

2018 年 3 月 18 于北京